Conoce

todo

sobre

C++ básico

Conoce todo sobre

C++ básico

Carmen Fernández

STARBOOK

La ley prohíbe
fotocopiar este libro

Editado por StarBook Editorial
Madrid, España

Colección American Book Group - Informática y Computación - Volumen 61.
ISBN No. 978-168-165-772-1
Biblioteca del Congreso de los Estados Unidos de América: Número de control 2019935287
www.americanbookgroup.com/publishing.php

Autoedición: Carmen Fernández
Arte: Pressfoto / Freepik

A mi familia.

CONTENIDO

INTRODUCCIÓN

C++ es un lenguaje de programación diseñado por Bjarne Stroustrup y puesto a disposición de los desarrolladores allá por 1985. La intención de su creador fue extender el exitoso lenguaje de programación C con mecanismos que permitieran la programación orientada a objetos. En ese sentido, y desde un punto de vista de los lenguajes orientados a objetos, C++ es un lenguaje híbrido. Esto es, C++ fue desarrollado a partir del lenguaje de programación C y con pocas excepciones incluye a C, que puede compilarse sin problemas bajo C++.

C++ es actualmente uno de los lenguajes de programación más populares para el desarrollo de aplicaciones de propósito general. Como muchos otros lenguajes, permite trabajar con todo tipo de datos, crear estructuras de datos, trabajar con ficheros, manipular excepciones, etc. Más aún, C++ es un lenguaje simple, potente y orientado a objetos. Su sintaxis incita al programador a generar programas modulares y fácilmente mantenibles.

Este libro se ha escrito con la intención de que un principiante pueda aprender de una forma sencilla a programar con el lenguaje C++, utilizando la potencia de la biblioteca estándar de C++. Los siete capítulos en que se ha estructurado el libro han sido expuestos precisamente pensando en lo dicho antes. Van presentando el lenguaje de una forma natural, empezando por lo más sencillo, exponiendo cada tema a su tiempo. En definitiva, el libro presenta una metodología para aprender poco a poco sin apenas encontrar dificultades. Todos los capítulos van documentados con varios ejemplos resueltos que le ayudarán a completar su formación.

Cuando finalice con este libro, no habrá hecho nada más que introducirse en el desarrollo de aplicaciones de propósito general con C++. A continuación podría ahondar en el desarrollo de aplicaciones orientadas a objetos. Si quiere seguir profundizando en estos temas y ver otros muchos nuevos, puede echar una ojeada al libro que más le interese de los indicados a continuación, utilizados como bibliografía para confeccionar éste.

BIBLIOGRAFÍA

Enciclopedia del lenguaje C++.
Autor: Fco. Javier Ceballos Sierra (http://www.fjceballos.es/)
Editorial: RA-MA (http://www.ra-ma.es/)
              Alfaomega (http://alfaomega.internetworks.com.mx/)

Programación orientada a objetos con C++.
Autor: Fco. Javier Ceballos Sierra (http://www.fjceballos.es/)
Editorial: RA-MA (http://www.ra-ma.es/)
              Alfaomega (http://alfaomega.internetworks.com.mx/)

AGRADECIMIENTOS

Quiero expresar mi agradecimiento a todos los lectores, en general, porque son los que hacen posible que este libro y otros sean una realidad.

Capítulo 1

ESCRIBIR UN PROGRAMA
- -

En este capítulo aprenderá lo que es un programa, cómo escribirlo utilizando el lenguaje C++ y qué hacer para que el ordenador lo ejecute y muestre los resultados perseguidos.

1.1 QUÉ ES UN PROGRAMA

Probablemente alguna vez haya utilizado un ordenador para escribir un documento o para divertirse con algún juego. Recuerde que en el caso de escribir un documento, primero tuvo que poner en marcha un procesador de textos, y que si quiso divertirse con un juego, lo primero que tuvo que hacer fue poner en marcha el juego. Tanto el procesador de textos como el juego son *programas* de ordenador.

Poner un programa en marcha es sinónimo de ejecutarlo. Cuando ejecutamos un programa, nosotros sólo vemos los resultados que produce (el procesador de textos muestra sobre la pantalla el texto que escribimos; el juego visualiza sobre la pantalla las imágenes que se van sucediendo) pero no vemos el guión seguido por el ordenador para conseguir esos resultados. Ese guión es el programa.

Ahora, si nosotros escribimos un programa, entonces sí que sabemos cómo trabaja y por qué trabaja de esa forma. Esto es una manera muy diferente y curiosa de ver un programa de ordenador, lo cual no tiene nada que ver con la experiencia adquirida en la ejecución de distintos programas.

Ahora, piense en un juego cualquiera. La pregunta es: ¿qué hacemos si queremos enseñar a otra persona a jugar? Lógicamente le explicamos lo que debe hacer, esto es, los pasos que tiene que seguir. Dicho de otra forma, le damos instrucciones de cómo debe actuar. Esto es lo que hace un programa de ordenador. Un *programa* no es nada más que una serie de instrucciones dadas al ordenador en un lenguaje entendido por él, para decirle exactamente lo que queremos que haga. Si el ordenador no entiende alguna instrucción, lo comunicará generalmente mediante mensajes visualizados en la pantalla.

1.2 REALIZAR UN PROGRAMA

En este apartado se van a exponer los pasos a seguir en la realización de un programa, por medio de un ejemplo.

La siguiente figura muestra de forma esquemática lo que un usuario de C++ necesita y debe hacer para desarrollar un programa.

1. Editar el programa
2. Compilarlo
3. Ejecutarlo
4. Depurarlo

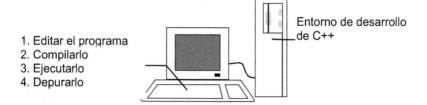

Entorno de desarrollo de C++

Evidentemente, para poder escribir programas con C++, se necesita un entorno de desarrollo.

Entornos de desarrollo integrados (EDI) para C++ hay muchos. Por ejemplo: *Microsoft C++ Express Edition* o *Code::Blocks* que puede descargar de Internet desde las direcciones:

http://www.microsoft.com/
http://www.codeblocks.org/downloads/5

Ambos EDI funcionan de forma muy parecida. Para realizar los ejemplos de este libro vamos a elegir *Code::Blocks 8.02*. Descargue la versión que incluye el compilador GCC y el depurador GDB de MinGW. En la siguiente figura se puede observar el aspecto de este entorno de desarrollo integrado:

Empecemos con la creación de un programa sencillo: el clásico ejemplo de mostrar un mensaje de saludo.

1.2.1 Aplicación de consola

Para editar y ejecutar el programa indicado anteriormente, que denominaremos *HolaMundo*, utilizando una aplicación de consola, los pasos a seguir se indican a continuación:

1. Suponiendo que ya está visualizado el entorno de desarrollo, añadimos un nuevo proyecto C++ (*File*, *New*, *Project*). Después elegimos la categoría del proyecto, *Console application*, y hacemos clic en el botón *Go*. Se nos mostrará un asistente que nos guiará en la creación de la nueva aplicación.

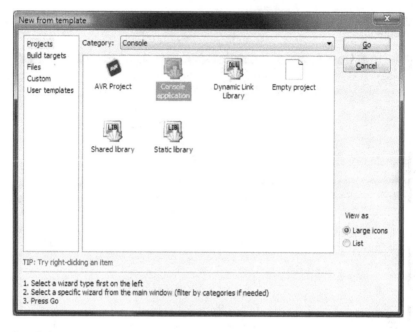

2. Seleccionamos el lenguaje que vamos a utilizar, en nuestro caso *C++*. Hacemos clic en *Next*.

3. Escribimos el nombre del proyecto, por ejemplo *HolaMundo*, y seleccionamos la carpeta donde queremos almacenarlo. Hacemos clic en *Next*.

4. Seleccionamos el compilador que deseamos utilizar y las configuraciones que permitiremos en nuestro proyecto. En este caso, es una buena opción aceptar los datos predeterminados que se muestran. Hacemos clic en *Finish*. Se muestra la ventana siguiente:

5. Obsérvese, en el panel *Projects* del EDI, que el código se guarda en el fichero *main.cpp*. El nombre del fichero puede ser cualquiera (de forma predeterminada es *main*) pero la extensión tiene que ser *cpp*. Haga doble clic sobre *main.cpp* para ver su contenido. Después edítelo como se indica a continuación:

```
*main.cpp ×
     1    #include <iostream>
     2
     3    using namespace std;
     4
     5    int main()
     6    {
     7        /*
     8         * punto de entrada al programa.
     9         *
    10         */
    11        cout << "Hola mundo!" << endl;
    12        return 0;
    13    }
    14
```

6. El siguiente paso es *compilar* el programa, esto es, traducir el programa fuente a código ejecutable. Para compilar el programa, ejecutamos la orden *Build* (construir) del menú *Build*.

7. Finalmente, para ejecutar el programa seleccionamos la orden *Run* del menú *Build*. El resultado, mensaje "Hola mundo!", se mostrará en una ventana de consola.

1.2.1.1 ¿QUÉ HACE ESTE PROGRAMA?

Comentamos brevemente cada línea del programa anterior. No pasa nada si algunos de los términos no quedan muy claros ya que todos ellos se verán con detalle en capítulos posteriores.

La primera línea incluye el fichero de cabecera *iostream* que contiene las declaraciones necesarias para los componentes de entrada o salida (E/S) de la biblioteca de C++ que aparecen en el programa (constantes, funciones, clases, métodos, objetos, etc.); en nuestro caso para **cout** y

endl. Esto significa que, como regla general, antes de invocar a un elemento de la biblioteca hay que declararlo. Las palabras reservadas de C++ que empiezan con el símbolo # reciben el nombre de *directrices* del compilador y son procesadas por el *preprocesador* de C++ cuando se invoca al compilador, pero antes de iniciarse la compilación.

Toda la biblioteca de C++ está definida en el espacio de nombres **std**, de ahí la segunda línea: "utilizando el espacio de nombres **std**". Un espacio de nombres define un ámbito. Si no especificáramos esta segunda línea, los elementos de la biblioteca de C++ que utilizáramos tendrían que ir calificados con el nombre del espacio de nombres al que pertenecen. Por ejemplo:

```
std::cout << "Hola mundo!" << std::endl;
```

El operador :: recibe el nombre de operador de ámbito.

A continuación se escribe la función principal **main**. Todo programa escrito en C++ tiene una función **main**. Observe que una función se distingue por el modificador () que aparece después de su nombre y que el cuerpo de la misma empieza con el carácter { y finaliza con el carácter }.

Las líneas encerradas entre /* y */ son simplemente un comentario. Los comentarios no son tenidos en cuenta por el compilador, pero ayudan a entender un programa cuando se lee. Una línea precedida por // sería también un comentario.

El objeto **cout** pertenece a la biblioteca de C++ y proporciona el operador << que permite escribir valores de cualquier tipo predefinido y cadenas de caracteres (por ejemplo "Hola mundo!"). En este caso, el cometido de **cout** es, utilizando su operador <<, escribir en una ventana de consola la expresión que aparece especificada entre comillas.

La constante **endl** que aparece a continuación de la cadena de caracteres "Hola mundo!" indica al sistema que después de escribir ese mensaje, avance el cursor de la consola al principio de la línea siguiente. La secuencia de escape \n realiza también esta función. Por ejemplo:

```
cout << "Hola mundo!\n";
```

Una secuencia de caracteres entre comillas se denomina *cadena de caracteres*.

Observe también que la sentencia encabezada por **cout** finaliza con un punto y coma, no sucediendo lo mismo con la directriz **#include**, ni tampoco con la cabecera de la función **main**; en este último caso porque a continuación debe escribirse el bloque de código – { } – que define. Resumiendo: un programa C++ se basa en la definición de una o más funciones, una de ellas tiene que ser **main**, y una función, a su vez, contiene sentencias y otras definiciones (no funciones).

1.3 EJEMPLO

Para practicar con un programa más, escriba el siguiente ejemplo que visualiza como resultado la suma, la resta, la multiplicación y la división de dos cantidades enteras.

Abra el EDI, cree un nuevo proyecto C++ (*File*, *New*, *Project*). Después elija la categoría de proyecto *Console application*, especifique su nombre (por ejemplo *Aritmetica*), su localización, etc. A continuación edite el programa como se muestra a continuación:

```cpp
#include <iostream>
using namespace std;

/*
 * Operaciones aritméticas
 */

int main()
{
  int dato1, dato2, resultado;
  dato1 = 20;
  dato2 = 10;

  // Suma
  resultado = dato1 + dato2;
  cout << dato1 << " + " << dato2 << " = "
      << resultado << endl;
  // Resta
  resultado = dato1 - dato2;
  cout << dato1 << " - " << dato2 << " = "
      << resultado << endl;
  // Multiplicación
```

```
resultado = dato1 * dato2;
cout << dato1 << " * " << dato2 << " = "
     << resultado << endl;
// División
resultado = dato1 / dato2;
cout << dato1 << " / " << dato2 << " = "
     << resultado << endl;
}
```

Una vez editado el programa, guárdelo, compílelo y ejecútelo.

Fijándonos en la función principal, **main,** vemos que se han declarado tres variables enteras (de tipo **int**): *dato1, dato2* y *resultado.*

```
int dato1, dato2, resultado;
```

El siguiente paso asigna el valor 20 a la variable *dato1* y el valor 10 a la variable *dato2.*

```
dato1 = 20;
dato2 = 10;
```

Las líneas que comienzan con // son comentarios estilo C++.

A continuación se realiza la suma de esos valores y se escriben los datos y el resultado.

```
resultado = dato1 + dato2;
cout << dato1 << " + " << dato2 << " = "
     << resultado << endl;
```

El operador << de **cout** escribe un resultado de la forma:

```
20 + 10 = 30
```

Observe que la expresión resultante está formada por seis elementos: *dato1,   " + ", dato2, " = ", resultado* y **endl**. Unos elementos son numéricos y otros son constantes de caracteres. Para mostrar los seis elementos se ha empleado el operador de inserción <<.

Un proceso similar se sigue para calcular la diferencia, la multiplicación y la división.

Capítulo 2

LENGUAJE C++

En el capítulo anterior hemos adquirido los conocimientos necesarios para poder abordar el desarrollo de aplicaciones bajo C++; esto es, hemos instalado un EDI y hemos construido una aplicación utilizando una consola para interactuar con la misma. En este capítulo veremos los elementos que aporta C++ para escribir un programa. Considere este capítulo como soporte para el resto de los capítulos, esto es, lo que se va a exponer en él lo irá utilizando en menor o mayor medida en los capítulos sucesivos. Por lo tanto, limítese ahora simplemente a realizar un estudio con el fin de informarse de los elementos con los que contamos.

2.1 TIPOS

¿Recuerda este código correspondiente a uno de los ejemplos que realizamos en el capítulo 1?

```
int main()
{
  int dato1, dato2, resultado;

  dato1 = 20;
  dato2 = 10;
```

En dicho código se definen tres variables: *dato1*, *dato2* y *resultado*, y son de tipo **int**, lo que significa que estas variables podrán almacenar valores enteros pertenecientes al intervalo que define este tipo.

Los tipos en C++ se clasifican en: tipos *primitivos* y tipos *derivados*. Tipos primitivos son aquellos que están definidos por el compilador, por ejemplo los tipos enteros, reales, el tipo **bool**, etc., y los tipos derivados son aquellos que se construyen a partir de los tipos primitivos, por ejemplo las estructuras, las referencias, etc. A continuación se muestra un ejemplo:

```
int dato1 = 0;      // dato1 almacena un entero.
int& dato2 = dato1; // dato2 es una referencia a dato1.
```

La tabla siguiente resume los tipos primitivos en C++.

Tipo C++	Bytes	Rango de valores
bool	?	**true** y **false**
char	1	-127 a 128
unsigned char	2	0 a 255
double	8	+/-1.79769313486231570E+308
int	4	-2147483648 a +2147483647
long	4	-2147483648 a +2147483647
short	2	-32768 a 32767
float	4	+/-3.4028235E+38
string	?	cadenas de caracteres
unsigned int	4	0 a 4294967295
unsigned long	4	0 a 4294967295
unsigned short	2	0 a 65535
Estructuras		Tipos valor definidos por el usuario

(? = depende de la plataforma de desarrollo)

El tipo **string** permite trabajar con cadenas de caracteres. Por ejemplo, la siguiente línea de código asigna al **string** *sTexto* la cadena "abc":

```
string sTexto = "abc";
```

2.1.1 Clases

El lenguaje C++ es un lenguaje orientado a objetos. La base de la programación orientada a objetos es la *clase*. Una clase es un tipo de objetos definido por el usuario. Por ejemplo, la clase **string** de la biblioteca C++ está definida así:

```
class string
{
  // Atributos
  // Métodos
}
```

Y, ¿cómo se define un objeto de esta clase? Pues, una forma de hacerlo sería así:

```
string sTexto = "abc";
```

Suponiendo que la clase **string** tiene un operador de indexación de acceso público, **[i]**, que devuelve el carácter que está en la posición *i*, la siguiente sentencia devolverá el carácter que está en la posición 1 (la 'b'):

```
char car = sTexto[1];
```

Una característica muy importante que aporta la programación orientada a objetos es la *herencia* ya que permite la reutilización del código escrito por nosotros o por otros. Por ejemplo, el siguiente código define la clase *MiForm* como una clase derivada (que hereda) de *Form*:

```
class ofstream : ostream
{
  // Atributos
  // Métodos
}
```

La clase *ofstream* incluirá los atributos y métodos heredados de *ostream* más los atributos y métodos que se hayan definido en esta clase. Esto significa que un objeto de la clase *ofstream* podrá ser manipulado por los métodos heredados y por los propios.

2.2 LITERALES

Un literal en C++ puede ser: un entero, un real, un valor booleano, un carácter, una cadena de caracteres y una constante como **NULL**.

- El lenguaje C++ permite especificar un literal entero en base 10, 8 y 16. Por ejemplo:

```
256     número decimal 256
0400    número decimal 256 expresado en octal
0x100   número decimal 256 expresado en hexadecimal
```

- Un literal real está formado por una parte entera, seguida por un punto decimal y una parte fraccionaria. También se permite la notación científica, en cuyo caso se añade al valor una e o E, seguida por un exponente positivo o negativo. Por ejemplo:

```
-17.24
27E-3
```

Una constante real tiene siempre tipo **double**, a no ser que se añada a la misma una *F*, en cuyo caso será de tipo **float**.

- Los literales de un solo carácter son de tipo **char**. Este tipo de literales está formado por un único carácter encerrado entre *comillas simples*. Ejemplo:

```
' '     espacio en blanco
'x'     letra minúscula x
```

- Un literal de cadena de caracteres es una secuencia de caracteres encerrados entre comillas dobles. Una forma sencilla de manipular cadenas de caracteres en C++ es a través de objetos de la clase **string**.

2.3 IDENTIFICADORES

Los identificadores son nombres dados a tipos, literales, variables, clases, funciones, espacios de nombres y sentencias de un programa. La sintaxis para formar un identificador es la siguiente:

$$\{letra|\_\}[\{letra|dígito|\_\}]...$$

Los identificadores pueden tener cualquier número de caracteres. Algunos ejemplos son:

```
Suma
Cálculo_Numeros_Primos
_ordenar
VisualizarDatos
```

2.4 DECLARACIÓN DE CONSTANTES SIMBÓLICAS

Declarar una constante simbólica significa decirle al compilador C++ el nombre de la constante y su valor. Esto se hace utilizando el calificador **const**.

```
const tipo identificador = cte[, identificador = cte]...
```

Un ejemplo puede ser el siguiente:

```
const double pi = 3.1415926;
```

2.5 VARIABLES

Una variable representa un espacio de memoria para almacenar un valor de un determinado tipo. La sintaxis para declarar una variable es la siguiente:

```
tipo identificador[, identificador]...
```

El siguiente ejemplo declara tres variables de tipo **short**, una variable de tipo **int** y dos variables de tipo **string**.

```
short dia, mes, anyo = 2010;

void Test()
{
  int contador = 0;
  string Nombre = "", Apellidos = "";
  dia = 20;
  Apellidos = "Ceballos";
  // ...
}
```

La declaración de una variable puede realizarse fuera de todo bloque o dentro de un bloque delimitado por { }. Una variable declarada fuera de todo bloque se dice que es *global* porque es accesible en cualquier parte del código que hay desde su declaración hasta el final del fichero fuente. Por el contrario, una variable declarada dentro de un bloque se dice que es *local* porque sólo es accesible sin calificarla dentro de éste.

Las variables *globales* son iniciadas por omisión por el compilador C++: las variables numéricas con *0* y los caracteres con '\0'. También pueden ser iniciadas explícitamente, como hemos hecho en el ejemplo anterior con *anyo*. En cambio, las variables locales no son iniciadas por el compilador C++. Por lo tanto, depende de nosotros iniciarlas o no; es aconsejable iniciarlas, ya que, como usted podrá comprobar, esta forma de proceder evitará errores en más de una ocasión.

¿Cuál es la vida de una variable? El período de tiempo durante el cual la variable está disponible para usarla. Una variable declarada en una función (por ejemplo *contador*) existe sólo mientras la función se está ejecutando.

¿Cuál es el ámbito de una variable? El bloque o bloques de código, entendiendo por bloque de código un conjunto de sentencias delimitadas por { }, desde el cual o los cuales la variable está accesible sin calificarla. Estos quedan determinados por dónde esté declarada la variable.

¿Qué código de una aplicación puede acceder a una variable definida en la misma? Está determinado por el ámbito de la variable y, en el caso de clases, por los calificadores **public**, **private**, entre otros, especificados en la declaración de la variable. Por ejemplo:

```cpp
#include <iostream>
using namespace std;

class UnaClase
{
  private:
   double p;
   string m;
  public:
   static const int v = 16;
   void UnMetodo()
   {
     int n = 0;
     // ...
   }
  // ...
};
```

Una variable miembro de una clase (por ejemplo *p*) generalmente recibe el nombre de atributo y una función miembro de una clase (por ejemplo
UnMetodo) generalmente recibe el nombre de método.

Un atributo de una clase (por ejemplo *p*, *m* o *v*), esto es, una variable
declarada en cualquier parte dentro de la clase siempre que sea fuera de
todo método, tiene ámbito de clase. Fuera del ámbito de la clase estará
accesible, sólo a través de un objeto de su clase (*objeto.miembro_clase*),
para cualquier otra clase o función si se califica **public** o bien su accesibilidad se limitará al ámbito de la clase si se declara **private** (por omisión es
private). Si, además, se califica como **static**, sólo existirá una copia de la
variable para todos los objetos que se declaren de esa clase; en otro caso,
cada objeto incluirá su propia copia de la variable. Para acceder a un atributo **static** fuera de la clase que lo define, sólo si es accesible, hay que utilizar
el nombre de la clase. Por ejemplo:

```
UnaClase.v
```

La accesibilidad pública o privada no sólo se puede definir para un atributo de la clase, sino también para un método de la misma.

En un método (véase *UnMetodo* en el ejemplo anterior) no se pueden
calificar las variables (esto es, no se puede utilizar **public**, **private** o **static**,
entre otras) y su accesibilidad se limita al método. En otras palabras, una
variable declarada dentro de un método es una variable local al método; por
ejemplo, la variable *n*. Los parámetros de un método son también variables
locales al método.

2.6 CONVERSIÓN ENTRE TIPOS

Cuando C++ tiene que evaluar una expresión en la que intervienen
operandos de diferentes tipos, primero convierte, sólo para realizar las operaciones solicitadas, los valores de los operandos al tipo del operando cuya
precisión sea más alta. Cuando se trate de una asignación, convierte el
valor de la derecha al tipo de la variable de la izquierda siempre que no
haya pérdida de información; en otro caso, C++ avisa de que la conversión
se realice explícitamente. La figura siguiente resume los tipos con signo,
colocados de izquierda a derecha de menos a más precisos; las flechas
indican las conversiones implícitas permitidas:

```
// Conversión implícita
char cDato = 1; short sDato = 0;
int iDato = 0; long lDato = 0;
float fDato = 0; double dDato = 0;
sDato = cDato;
iDato = sDato;
lDato = iDato;
fDato = lDato;
dDato = fDato + lDato - iDato * sDato;
```

C++ permite una conversión explícita (conversión forzada) del tipo de una expresión mediante una construcción denominada *cast,* que tiene la forma: (*tipo*) *expresión*. Por ejemplo:

```
// Conversión explícita (cast)
int iDato = 0; double dDato = 2.5;
iDato = (int)dDato;
cout << iDato << endl; // resultado 2
```

2.7 OPERADORES

Los operadores son símbolos que indican las operaciones a realizar con los datos. Se pueden clasificar en los siguientes grupos: aritméticos, relacionales, lógicos, de asignación y de concatenación.

2.7.1 Operadores aritméticos

Operador	Operación
+	*Suma*. Los operandos pueden ser enteros o reales.
−	*Resta*. Los operandos pueden ser enteros o reales.
*	*Multiplicación*. Los operandos pueden ser enteros o reales.
/	*División*. Los operandos pueden ser enteros o reales. Si ambos operandos son enteros el resultado es entero. En el resto de los casos el resultado es real.
%	*Resto de una división*. Los operandos tienen que ser enteros.

Cuando en una operación aritmética los operandos son de diferentes tipos, ambos son convertidos al tipo del operando de precisión más alta. Por ejemplo:

```
#include <iostream> // para cout y endl
#include <cmath>    // para sqrt (raíz cuadrada)
using namespace std;

int main()
{
  double a = 10.0;
  float b = 20.0F;
  int c = 2, resu = 0;
  resu = (int)(7.5 * sqrt(a) - b / c);
  cout << resu << endl;     // resultado 13
  cout << resu % 5 << endl; // resultado 3

  return 0;
}
```

2.7.2 Operadores de relación

Los operadores de relación o de comparación permiten comparar dos operandos entre sí, los cuales deben ser del mismo tipo.

Operador	Operación
<	¿Primer operando *menor que* el segundo?
>	¿Primer operando *mayor que* el segundo?
<=	¿Primer operando *menor o igual que* el segundo?
>=	¿Primer operando *mayor o igual que* el segundo?
!=	¿Primer operando *distinto que* el segundo?
==	¿Primer operando *igual que* el segundo?

2.7.3 Operadores lógicos

El resultado de una operación lógica (AND, OR o NOT) será un valor booleano verdadero o falso (**true** o **false**) cuando sus operandos sean expresiones que den lugar también a un resultado verdadero o falso. Por lo tanto, las expresiones que dan como resultado valores booleanos (véanse los operadores de relación) pueden combinarse para formar expresiones *booleanas* utilizando los operadores lógicos indicados a continuación.

Operador	Operación
&&	*AND*. Da como resultado **true** si al evaluar cada uno de los operandos el resultado es **true**. Si uno de ellos es **false**, el resultado es **false**. Si el primer operando es **false**, el segundo operando no es evaluado.
||	*OR*. El resultado es **false** si al evaluar cada uno de los operandos el resultado es **false**. Si uno de ellos es **true**, el resultado es **true**. Si el primer operando es **true**, el segundo operando no es evaluado (el carácter | es el ASCII 124).
!	*NOT*. El resultado de aplicar este operador es **false** si al evaluar su operando el resultado es **true**, y **true** en caso contrario.

El resultado de una operación lógica cuando sus operandos son expresiones que producen un resultado de tipo **bool** es también de tipo **bool**. Por ejemplo:

```
int p = 10, q = 0;
bool r = false;
r = p != 0 && q != 0; // da como resultado false
r = p != 0 || q > 0;  // da como resultado true
r = q < p && p <= 10; // da como resultado true
r = !r;   // si r es true, el resultado es false
```

2.7.4 Operadores de asignación

El resultado de una operación de asignación es el valor almacenado en el operando izquierdo, lógicamente después de que la asignación se ha realizado. El valor que se asigna es convertido implícita o explícitamente al tipo del operando de la izquierda (véase el apartado *Conversión entre tipos*).

Operador	Operación
++	Incremento.
– –	Decremento.
=	Asignación simple.
***=**	Multiplicación más asignación.

/=	División más asignación.
%=	Resto de una división más asignación.
+=	Suma más asignación.
–=	Resta más asignación.

Los operandos tienen que ser del mismo tipo o bien el operando de la derecha tiene que poder ser convertido implícitamente al tipo del operando de la izquierda. A continuación se muestran algunos ejemplos con estos operadores.

```
int x = 0, n = 10, i = 1;
n++;          // Incrementa el valor de n en 1.
++n;          // Incrementa el valor de n en 1.
x = ++n;      // Incrementa n en 1 y asigna el
              // resultado a x.
x = n++;      // Equivale a realizar las dos operaciones
              // siguientes en este orden: x = n; n++.
i += 2;       // Realiza la operación i = i + 2.
x *= n - 3;   // Realiza la operación x = x * (n-3) y no
              // x = x * n - 3.
```

2.7.5 Operador de concatenación

El operador de concatenación (+) permite generar una cadena de caracteres a partir de otras dos. La forma de utilizarlo es la siguiente:

var = expresión1 + expresión2

La variable *var* tiene que ser de tipo **string** o una cadena de caracteres y el tipo de *expresión1* y *expresión2* también. Por ejemplo:

```
string s1, s2, s3;
bool m = false;
s2 = "Hola";
s3 = " amigos";
m = s2 < "hola";   // m = true
s1 = s2 + s3;      // s1 = "Hola amigos"
```

Una cadena de caracteres es menor que otra si está antes por orden alfabético. Este orden está determinado por la posición que ocupan los caracteres en la tabla ASCII. En esta tabla las letras mayúsculas están antes que las minúsculas.

2.8 PRIORIDAD Y ORDEN DE EVALUACIÓN

La tabla que se presenta a continuación resume las reglas de prioridad de todos los operadores. Las líneas se han colocado de mayor a menor prioridad. Los operadores escritos sobre una misma línea tienen la misma prioridad.

Una expresión entre paréntesis siempre se evalúa primero. Los paréntesis tienen mayor prioridad y son evaluados de más internos a más externos.

Operador	Asociatividad
`::`	ninguna
`() [] . -> v++ v-- ???_cast typeid`	izquierda a derecha
`- + ~ ! * & ++v —v sizeof new delete` (*tipo*)	derecha a izquierda
`* / %`	izquierda a derecha
`+ -`	izquierda a derecha
`<< >>`	izquierda a derecha
`< <= > >=`	izquierda a derecha
`== !=`	izquierda a derecha
`&`	izquierda a derecha
`^`	izquierda a derecha
`|`	izquierda a derecha
`&&`	izquierda a derecha
`||`	izquierda a derecha
`?:`	derecha a izquierda
`= *= /= %= += —= <<= >>= >>>= &= |= ^=`	derecha a izquierda
`,`	izquierda a derecha

En C++, todos los operadores binarios excepto los de asignación son evaluados de izquierda a derecha. En el siguiente ejemplo, primero se asigna *z* a *y* y a continuación *y* a *x*.

```
int x = 0, y = 0, z = 15;
x = y = z;      // resultado x = y = z = 15
```

2.9 ESTRUCTURA DE UN PROGRAMA

El código de una aplicación C++ se agrupa en funciones y en clases (sólo si éstas son requeridas) que almacenamos en uno o más ficheros. A su vez, los ficheros se agrupan en proyectos. Muchas de las funciones y clases que utilizaremos pertenecen a la biblioteca C++, por lo tanto ya están escritas y compiladas. Pero otras tendremos que escribirlas nosotros mismos, dependiendo del problema que tratemos de resolver en cada caso.

Todo programa C++ está formado por al menos una función denominada **main,** como se muestra a continuación:

```
#include <iostream>

using namespace std;

int main()
{
  // escriba aquí el código que quiere ejecutar
  return 0;
}
```

La función **main** es para toda aplicación C++ el punto de entrada cuando se ejecuta la misma y el de salida cuando finaliza.

Por ejemplo, la siguiente aplicación muestra cómo calcular el área de un círculo de radio especificado. Para cubrir los aspectos de los que estamos hablando, esta aplicación la vamos a construir a partir de una clase *Circulo*, para definir objetos círculo, y la función **main**, para trabajar con círculos. La clase *Circulo* la definiremos en un fichero *circulo.h* y la función **main** en otro fichero *main.cpp*; después incluiremos el fichero *circulo.h* en el fichero *main.cpp*. Evidentemente podíamos haber escrito todo el código en un único fichero, por ejemplo en *main.cpp*, pero lo hemos hecho así para que el lector saque una idea más amplia de cómo puede escribir una aplicación. Esto le tiene que llevar a pensar que puede haber varios ficheros conteniendo el código que ejecutará la aplicación. En los capítulos siguientes podrá observar la aplicación de esta técnica.

Según lo expuesto, primero creamos un proyecto *Estructura* con la función **main**:

Un círculo tiene un atributo *radio* y el área del círculo es el resultado de la expresión $\pi \times radio^2$. Según esto, añadimos al proyecto un nuevo fichero *circulo.h* (*File > New > File... > C/C++ header*) para que contenga la clase *Circulo* que escribimos así:

```cpp
class Circulo
{
  private:
    const static double PI = 3.1415926;
    double radio;

  public:
    Circulo(double r) // constructor de la clase
    {
      radio = r;
    }

    double areaCirculo()
    {
      double area = PI * radio * radio;
```

```
    return area;
  }
};
```

En el apartado *Variables* de este mismo capítulo se explicó el significa-do de los calificadores **private**, **public, static** o la ausencia de estos. Tam-bién se puede observar que hay un método con el mismo nombre que la clase (*Circulo*); este método recibe el nombre de constructor y se invoca automáticamente cada vez que se crea un objeto de la clase. Obsérvese que este método especial no especifica un tipo para el valor retornado.

Finalmente, para finalizar esta aplicación, complete la función **main** como se indica a continuación. En ella, se crea un objeto, *unCirculo*, que representa un círculo de radio *r* (ahí se invoca al constructor) y después, el objeto invocando a su método *areaCirculo* devuelve el área del círculo.

```
#include <iostream>
#include "circulo.h" // incluir el fichero circulo.h
using namespace std;

int main()
{
  double r = 10.0;
  Circulo unCirculo(r); // se invoca automáticamente al
  // constructor de la clase Circulo
  double area = unCirculo.areaCirculo();
  cout << "Area = " << area << endl;

  return 0;
}
```

Para observar los resultados que se obtienen, compile y ejecute la apli-cación como se indicó en el capítulo 1.

En el CD que acompaña al libro puede ver otras dos versiones de esta aplicación: una que incluye todo el código en un fichero *main.cpp* y otra que declara la clase en un fichero *circulo.h* y la define en un fichero *circulo.cpp*. Si quiere profundizar sobre todo esto recurra a la bibliografía especificada en el prólogo, ya que contar la programación orientada a objetos en toda su extensión se sale fuera del objetivo de este libro.

2.10 PROGRAMA ORIENTADO A OBJETOS

La idea de la programación orientada a objetos es organizar los programas a imagen y semejanza de la organización de los objetos en el mundo real. Según esto, un programa orientado a objetos se compondrá solamente de objetos que se crearán a partir de las clases que intervienen en el programa. En el ejemplo anterior, además del objeto **cout** de la biblioteca C++, intervienen la clase *Circulo*.

Los objetos se comunicarán entre sí mediantes mensajes y los mensajes a los que un objeto puede responder se corresponden con los métodos de su clase. En el ejemplo anterior se observa que desde la función **main** se envía el mensaje *areaCirculo* al objeto *unCirculo*; la respuesta de este objeto a ese mensaje es la ejecución del método del mismo nombre que devuelve el área del círculo representado por dicho objeto.

Los objetos sólo pueden responder a los mensajes programados en su propia clase. Dicho de otra forma, un método de una clase sólo puede ser invocado para su ejecución por un objeto de su misma clase.

```
area = unCirculo.areaCirculo();
```

       Objeto   Método

Capítulo 3

ENTRADA Y SALIDA ESTÁNDAR

Frecuentemente un programa necesitará obtener información desde un origen o enviar información a un destino. Por ejemplo, obtener información desde el teclado o bien enviar información a la pantalla. En este capítulo aprenderá cómo leer los datos requeridos por su aplicación desde el teclado y cómo mostrar los resultados en una consola.

3.1 ENTRADA ESTÁNDAR

La biblioteca de C++ proporciona un objeto **cin** de la clase **istream**, vinculado con la entrada estándar (esto es, con el teclado), de ahí que reciba el nombre de flujo de entrada, que tiene un especial interés porque permite a un programa leer datos desde dicha entrada estándar. La forma de utilizarlo es así:

```
cin >> var1 [[>> var2]...];
```

El operador >> utilizado por **cin** para leer datos de la entrada estándar recibe el nombre de *operador de extracción*. Lo especificado entre corchetes es opcional. Las variables *var1*, *var2*... pueden ser de cualquier tipo primitivo o una cadena de caracteres. Por ejemplo, el siguiente programa solicita del teclado un carácter, dos valores enteros, un valor real y una cadena de caracteres, y los visualiza. Además del operador >>, la clase **istream** proporciona otros métodos, que iremos exponiendo a medida que sean necesarios.

```
#include <iostream>
using namespace std;

int main()
{
  unsigned char car;
  int iDato1, iDato2;
  double dDato;
  string strDato;

  cout << "Introducir un carácter: ";
  cin >> car;
  cout << "Introducir dos enteros: ";
  cin >> iDato1 >> iDato2;
  cout << "Introducir un real: ";
  cin >> dDato;
  cout << "Introducir una cadena de caracteres: ";
  cin >> strDato;
  cout << car << endl;
  cout << iDato1 << ", " << iDato2 << endl;
  cout << dDato << endl;
  cout << strDato << endl;

  return 0;
}
```

Cuando ejecute este programa se comportará como muestra el ejemplo indicado a continuación:

```
Introducir un carácter: A
Introducir dos enteros: 23 45
Introducir un real: 3.141592
Introducir una cadena de caracteres: hola
A
23, 45
3.14159
hola
```

Cuando un programa en ejecución, análogo al anterior, solicita al usuario un dato, éste tiene que introducir el dato solicitado y a continuación pulsar la tecla *Entrar* (esta pulsación introduce el carácter '\n'). Si el programa solicita varios datos, estos pueden ser introducidos uno a continuación de otro separados por un espacio en blanco o por pulsaciones de la tecla *Entrar*. Esto es, el operador >> de **cin** interpreta el espacio en blanco o la pulsación de la tecla *Entrar* como un separador que será ignorado (saltado) cuando se lea el siguiente valor.

De lo anterior se deduce que cuando el programa solicita una cadena de caracteres, si el usuario introduce "saludos a todos", el operador >> de **cin** obtendría de la entrada estándar los caracteres que hay hasta encontrar un espacio en blanco (un separador), quedando el resto de los caracteres sin leer en el búfer (región de almacenamiento en memoria) de la entrada estándar disponibles para la siguiente solicitud.

Entonces, ¿cómo leemos una cadena de caracteres que contenga espacios en blanco? Pues invocando a la función **getline**:

```
getline(cin, str); // str es una variable de tipo string
```

La función **getline** lee caracteres de la entrada estándar (representada por **cin**) hasta encontrar el carácter '\n' que se introduce al pulsar la tecla *Entrar*, incluido este carácter. Esto significa que esta función no interpreta el carácter '\n' como un separador lo cual puede presentar un problema cuando antes se haya leído otro dato de un tipo primitivo. Por ejemplo, modifiquemos el programa anterior así:

```
cout << "Introducir un real: ";
cin >> dDato;
cout << "Introducir una cadena de caracteres: ";
getline(cin, strDato);
// ...
```

Cuando ejecute esta versión del programa se comportará como muestra el ejemplo indicado a continuación:

```
Introducir un carácter: A
Introducir dos enteros: 23 45
Introducir un real: 3.141592
Introducir una cadena de caracteres: A
23, 45
3.14159
```

Observamos que el programa preguntó por la cadena de caracteres pero no dejó introducirla, sino que pasó directamente a escribir los resultados. ¿Por qué? Porque el separador después de introducir el valor real ha sido interpretado por **getline** como una cadena vacía. Por lo tanto, ha leído ese carácter ('\n') y la ejecución del programa ha continuado. ¿Cuál es la solución? Eliminar ese separador antes de que se ejecute **getline**; esto es, dejar el búfer de la entrada estándar vacío. Para ello, procederemos así:

```
cout << "Introducir un real: ";
cin >> dDato;
cin.ignore(); // eliminar el carácter \n sobrante
cout << "Introducir una cadena de caracteres: ";
getline(cin, strDato);
```

El método **ignore** elimina, por omisión, un carácter del búfer de la entrada estándar. En cambio, la sentencia mostrada a continuación elimina 256 caracteres como máximo o, si hay menos, los que haya hasta encontrar el '\n', incluido éste.

```
cin.ignore(256,'\n');
```

Ahora, cuando ejecute esta otra versión del programa se comportará como muestra el ejemplo indicado a continuación:

```
Introducir un carácter: A
Introducir dos enteros: 23 45
Introducir un real: 3.141592
Introducir una cadena de caracteres: saludos a todos
A
23, 45
3.14159
saludos a todos
```

3.2 SALIDA ESTÁNDAR

La biblioteca de C++ proporciona también el objeto **cout** de la clase **ostream**, vinculado con la salida estándar (esto es, con la consola), de ahí que reciba el nombre de flujo de salida, que tiene un especial interés porque permite a un programa escribir datos en dicha salida estándar. La forma de utilizarlo es así:

```
cout << expr1 [[<< expr2]...];
```

El operador << utilizado por **cout** para escribir datos en la salida están-dar recibe el nombre de *operador de inserción*.

Por ejemplo, la siguiente sentencia escribe varias expresiones de tipos diferentes:

```
cout << "Dato 1: " << iDato1 << ", "
     << "dato 2: " << iDato2 << ", "
     << "suma: " << iDato1 + iDato2 << endl;
```

El resultado después de ejecutar esta sentencia sería análogo al si-guiente:

```
Dato 1: 23, dato 2: 45, suma: 68
```

3.3 SALIDA CON FORMATO

Los ejemplos realizados hasta ahora han mostrado sus resultados sin formato ninguno, pero es evidente que en muchas ocasiones los resultados hay que mostrarlos según un formato y en un espacio determinado.

Para facilitar las operaciones de entrada y de salida con formato, la bi-blioteca estándar de C++ ofrece un conjunto de indicadores que permiten aplicar dicho formato a la salida. Estos indicadores, conocidos como *mani-puladores*, son insertados directamente en la lista de expresiones de la entrada o de la salida y su finalidad es ejecutar determinadas acciones sobre esas operaciones. Estos manipuladores están declarados en el fiche-ro de cabecera *iomanip*. Por ejemplo:

```
#include <iostream>
#include <iomanip>

using namespace std;

int main()
{
  int v = 0;
  cout << "Introducir un valor en base 8: ";
  cin >> oct >> v;
```

```
cout << hex << setw(10) << v << endl;
cout << dec << setw(10) << v << endl;

return 0;
}
```

Este ejemplo solicita el valor de la variable *v* en octal, indicado por el manipulador **oct**, y lo muestra en hexadecimal y en decimal, indicado por los manipuladores **hex** y **dec**, y ajustado a la derecha (por omisión) en un campo de ancho 10, indicado por el manipulador **setw**.

Cuando ejecute este programa observará que en la salida estándar se mostrará un resultado similar al siguiente:

```
Introducir un valor en base 8: 245
        a5
       165
```

Obsérvese que se han realizado dos operaciones justo antes de otra operación de salida. Pues bien, existe una gran variedad de operaciones que en ocasiones será interesante realizar justo antes o después de una operación de entrada o de salida. Los manipuladores que las permiten se encuentran en el espacio de nombres **std** y los hay sin parámetros (como **hex**) y con ellos (como **setw**). Muchos de ellos, localizados en los ficheros de cabecera *iostream* (incluye *istream* y *ostream*) e *iomanip*, se resumen a continuación.

boolalpha	Permitir mostrar los valores de tipo **bool** en formato alfabético; esta operación se desactiva con **noboolalpha**.
showbase	Permitir mostrar las constantes numéricas precedidas por un dígito distinto de 0, por 0 o por 0x, según se especifiquen en base 10, 8 ó 16, respectivamente; esta operación se desactiva con **noshowbase**.
showpoint	Forzar a que se muestre el punto decimal y los 0 no significativos en valores expresados en coma flotante; se desactiva con **noshowpoint**.
showpos	Mostrar el + para los valores positivos; esta operación se desactiva con **noshowpos**.
uppercase	Mostrar en mayúsculas los caracteres hexadecimales A-F y la E en la notación científica; esta operación se desactiva con **nouppercase**.

internal   Hacer que los caracteres de relleno se añadan después del signo o del indicador de base y antes del valor.
left   Alineación por la izquierda y relleno por la derecha.
right   Alineación por la derecha y relleno por la izquierda (establecido por omisión).
dec   Representación en decimal (base por omisión).
oct   Representación en octal.
hex   Representación en hexadecimal.
fixed   Activar el formato de coma fija (dddd.dd).
scientific   Activar el formato en notación científica (d.dddddEdd).
endl   Escribir '\n' y vaciar el búfer del flujo.
ends   Escribir '\0'.
flush   Vaciar el búfer del flujo de salida.
setfill(char)   Establecer como carácter de relleno el especificado.
setprecision(int)   Establecer el número de decimales para un valor real. La precisión por defecto es 6.
setw(int)   Establecer la anchura del campo donde se va a escribir un dato.

El siguiente ejemplo clarifica lo más significativo de lo expuesto hasta ahora.

```
#include <iostream>
#include <iomanip>
using namespace std;

int main()
{
  int a = 12345;
  float b = 54.865F;

  cout << "          1         2" << endl;
  cout << "12345678901234567890" << endl;
  cout << "--------------------" << endl;
  cout << a << endl; // escribe 12345\n
  cout << '\n' << setw(10) << "abc"
       << setw(10) << "abcdef" << endl;

  cout << left; // se activa el ajuste a la izquierda
  cout << '\n' << setw(10) << "abc"
       << setw(10) << "abcdef" << endl;
  cout << endl;  // avanza a la siguiente línea
  cout << right; // se vuelve al ajuste por la derecha
```

```
// Se activa el formato de coma fija
// con dos decimales
cout << fixed << setprecision(2);
cout << setw(15) << b << endl;
cout << setw(15) << b/10 << endl;

return 0;
}
```

Al ejecutar este programa se obtendrán los resultados mostrados a continuación. Observe que \n o **endl** avanzan al principio de la línea siguiente; si en este instante se envía a la salida otro \n o **endl**, estos dan lugar a una línea en blanco.

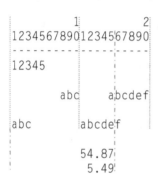

A continuación, damos una explicación de cada uno de los formatos empleados.

```
cout << a << endl; // escribe 12345\n
```

- escribe el entero *a*.
- **endl** avanza a la línea siguiente y vacía el búfer de la salida.

```
cout << '\n' << setw(10) << "abc"
     << setw(10) << "abcdef" << endl;
```

- \n avanza a la línea siguiente.
- **setw(**10**)** para escribir la cadena "abc" sobre un ancho de 10 posiciones. La cadena se ajusta por defecto a la derecha.
- **setw(**10**)** para escribir la cadena "abcdef" sobre un ancho de 10 posiciones. La cadena se ajusta por defecto a la derecha.

- **endl** avanza a la línea siguiente y vacía el búfer de la salida.

```
cout << left;
```

- activa el ajuste por la izquierda en el ancho que se establezca.

```
cout << '\n' << setw(10) << "abc"
     << setw(10) << "abcdef" << endl;
```

- igual que anteriormente pero con ajustes a la izquierda.

```
cout << endl;
```

- avanza a la línea siguiente y vacía el búfer de la salida.

```
cout << right;
```

- activa el ajuste por la derecha en el ancho que se establezca.

```
cout << fixed << setprecision(2);
```

- activa el formato de coma fija con dos decimales.

```
cout << setw(15) << b << endl;
```

- **setw(15)** para escribir la cadena b sobre un ancho de 15 posiciones. El ajuste está establecido por la derecha. El valor de b se redondea a dos decimales.
- **endl** avanza a la línea siguiente y vacía el búfer de la salida.

```
cout << setw(15) << b/10 << endl;
```

- análoga a la anterior. Observe cómo las dos últimas cantidades escritas quedan ajustadas por su parte entera y decimal.

Este otro ejemplo que se presenta a continuación ilustra cómo se utilizan los indicadores de formato para ajustar las cadenas de caracteres a la izquierda, los valores a la derecha y el carácter de relleno. El resultado que se quiere obtener es el siguiente:

```
Madrid...........5198.00
Sevilla.............3.21
Valencia...........46.32
Cantabria.........506.50
Barcelona........2002.38
```

Tanto los nombres de las provincias como los coeficientes asociados estarán almacenados en sendas matrices (las matrices las estudiaremos en un capítulo posterior).

```cpp
#include <iostream>
#include <iomanip>
using namespace std;

int main()
{
  double coef[] = {5198.0, 3.21, 46.32, 506.5, 2002.38};
  string prov[] = { "Madrid", "Sevilla", "Valencia",
                    "Cantabria", "Barcelona" };

  // Salida de resultados alineados en columnas.
  cout << fixed; // formato en coma flotante
  for ( int i = 0; i < sizeof(coef)/sizeof(double); i++)
    cout << left // justificación a la izda.
         << setw(15) // ancho para las cadenas de cars.
         << setfill( '.' ) // carácter de relleno
         << prov[i]        // escribe la provincia
         << right          // justificación a la dcha.
         << setw(10)       // ancho para las cantidades
         << setprecision(2) // dos decimales
         << coef[i] << endl; // escribe la cantidad

  return 0;
}
```

La sentencia **for**, que será estudiada en un capítulo posterior, tiene como misión ejecutar la sentencia de salida tantas veces como elementos hemos almacenado en las matrices.

Capítulo 4

SENTENCIAS DE CONTROL

En este capítulo aprenderá fundamentalmente a escribir el código para que un programa tome decisiones y para que sea capaz de ejecutar bloques de sentencias repetidas veces.

4.1 SENTENCIA DE ASIGNACIÓN

Una sentencia es una línea de texto que indica una o más operaciones a realizar. Una línea puede tener varias sentencias, separadas unas de otras por un punto y coma:

```
total = cantidad * precio; suma = suma + total;
```

Una sentencia C++ puede escribirse en varias líneas físicas. Por ejemplo:

```
#include <cmath>
// ...
PagoMensual = CantidadPrest * (Interes / (1 -
  (1 / ((pow((1 + Interes), Meses))))));
```

La sentencia más común en cualquier lenguaje de programación es la sentencia de asignación. Su forma general es:

variable = expresión

que indica que el valor que resulte de evaluar la *expresión* tiene que ser almacenado en la *variable* especificada. Por ejemplo:

```
int cont = 0;
double intereses = 0;
double capital = 0;
float tantoPorCiento = 0.0F;
string mensaje;
//...
cont = cont + 1; // equivale a cont++
intereses = capital * tantoPorCiento / 100;
mensaje = "La operación es correcta";
```

Toda variable tiene que ser declarada antes de ser utilizada.

4.2 SENTENCIAS DE CONTROL

Las sentencias de control permiten tomar decisiones y realizar un proceso repetidas veces. C++ dispone de las siguientes sentencias de control:

- `if`

- `if ... else`

- `switch`

- `while`

- `do ... while`

- `for`

- `break`

- `try ... catch`

Veamos a continuación la sintaxis correspondiente a cada una de ellas; cualquier expresión especificada entre corchetes - [ ] - es opcional.

4.3 IF

La sentencia **if** permite a un programa tomar una decisión para ejecutar una acción u otra, basándose en el resultado verdadero o falso de una expresión. La sintaxis para utilizar esta sentencia es la siguiente:

```
if (condición)
   sentencia 1;
[else
   sentencia 2;]
```

donde *condición* es una expresión booleana, y *sentencia 1* y *sentencia 2* representan a una sentencia simple o compuesta. Cada sentencia simple debe finalizar con un punto y coma. Una sentencia compuesta es un conjunto de sentencias simples encerradas entre { y }.

Una sentencia **if** se ejecuta de la forma siguiente:

1. Se evalúa la *condición* obteniéndose un resultado verdadero o falso.

2. Si el resultado es verdadero (**true**) se ejecutará lo indicado por la *sentencia 1*.

3. Si el resultado es falso (**false**) la *sentencia 1* se ignora y se ejecutará lo indicado por la *sentencia 2*, si la cláusula **else** se ha especificado.

4. En cualquier caso, la ejecución continúa en la siguiente sentencia ejecutable que haya a continuación de la sentencia **if**.

```
if (a == b * 5)
{
   x = 4;
   a = a + x;
}
else
{
   b = 0;
}
// siguiente línea del programa
```

En el ejemplo anterior, si se cumple que *a* es igual a *b* * *5*, se ejecutan las sentencias *x = 4* y *a = a + x*. En otro caso, se ejecuta la sentencia *b = 0*. En ambos casos, la ejecución continúa en la siguiente línea del programa.

Cuando *sentencia 2* coincida con otra sentencia **if** se puede utilizar esta otra sintaxis:

```
if (condición 1)
  sentencia 1
else if (condición 2)
  sentencia 2
else if (condición 3)
  sentencia 3


...


else
  sentencia n
```

Por ejemplo, al efectuar una compra en un cierto almacén, si adquirimos más de 100 unidades de un mismo artículo, nos hacen un descuento de un 40%; entre 25 y 100, un 20%; entre 10 y 24, un 10%; y no hay descuento para una adquisición de menos de 10 unidades. La solución que calcula el descuento a aplicar sería de la siguiente forma:

```
if (cc > 100)
  desc = 40.0F; // descuento 40%
else if (cc >= 25)
  desc = 20.0F; // descuento 20%
else if (cc >= 10)
  desc = 10.0F; // descuento 10%
else
  desc = 0.0F;  // descuento 0%
```

Obsérvese que las condiciones se han establecido según los descuentos de mayor a menor. Como ejercicio, piense o pruebe qué ocurriría si establece las condiciones según los descuentos de menor a mayor.

4.4 SWITCH

La sentencia **switch** permite ejecutar una de varias acciones en función del valor de una expresión. Es una sentencia especial para decisiones múltiples. La sintaxis para utilizar esta sentencia es:

```
switch (expresión)
{
  [case expresión-constante 1:]
    [sentencia 1;]
  [case expresión-constante 2:]
    [sentencia 2;]
  [case expresión-constante 3:]
    [sentencia 3;]
    .
    .
    .
  [default:]
    [sentencia n;]
}
```

donde *expresión* es una expresión de tipo entero y *expresión-constante* es una constante del mismo tipo que *expresión* o de un tipo que se pueda convertir implícitamente al tipo de *expresión*; y *sentencia* es una sentencia simple o compuesta. En el caso de tratarse de una sentencia compuesta, no hace falta incluir las sentencias simples que la forman entre { }.

La sentencia **switch** evalúa la expresión entre paréntesis y compara su valor con las constantes de cada **case**. La ejecución de las sentencias del bloque de la sentencia **switch** comienza en el **case** cuya constante coincida con el valor de la expresión y continúa hasta una sentencia que transfiera el control dentro o fuera del bloque de **switch**; esta sentencia debe estar presente por cada **case** así como para **default**. Generalmente se utiliza **break** para transferir el control fuera del bloque de la sentencia **switch**. La sentencia **switch** puede incluir cualquier número de cláusulas **case** y una cláusula **default** como mucho.

Si no existe una constante igual al valor de la expresión, entonces se ejecutan las sentencias que están a continuación de **default**, si esta cláusula ha sido especificada. La cláusula **default** puede colocarse en cualquier parte del bloque y no necesariamente al final.

```
switch (x)
{
  case 1:
    str = "1";
    break;
  case 2: case 3:
    str = "2 ó 3";
```

```
      break;
  case 4: case 5: case 6: case 7: case 8: case 9:
    str = "4 a 9";
    break;
  default:
    str = "otro valor";
    break;
}
```

En este ejemplo, si *x* vale 1, se asigna "1" a la variable *str*; si vale 2 ó 3, se asigna "2 ó 3" a *str*; si vale 4, 5, 6, 7, 8 ó 9, se asigna "4 a 9" a *str*; y en cualquier otro caso, se asigna "otro valor" a la variable *str*. Cuando se produce una coincidencia, se ejecuta sólo el código que hay hasta **break**.

4.5 WHILE

La sentencia **while** ejecuta una sentencia, simple o compuesta, cero o más veces, dependiendo del valor verdadero o falso de una expresión booleana. Su sintaxis es:

```
while (condición)
  sentencia;
```

donde *condición* es cualquier expresión booleana y *sentencia* es una sentencia simple o compuesta.

La ejecución de la sentencia **while** sucede así:

1.   Se evalúa la *condición* obteniéndose un resultado verdadero o falso.

2.   Si el resultado es falso (**false**), la *sentencia* no se ejecuta y se pasa el control a la siguiente sentencia en el programa.

3.   Si el resultado de la evaluación es verdadero (**true**), se ejecuta la *sentencia* y el proceso descrito se repite desde el punto 1.

Por ejemplo, el siguiente código, que podrá ser incluido en cualquier procedimiento, solicita obligatoriamente una de las dos respuestas posibles: *s/n* (sí o no).

```
char car = '\0';
cout << "\nDesea continuar s/n (sí o no) ";
cin >> car;
```

```
// Limpiar el búfer del flujo de entrada
cin.ignore();
while (car != 's' && car != 'n')
{
  cout << "\nDesea continuar s/n (sí o no) ";
  cin >> car;
  cin.ignore();
}
if (car == 's')
  cout << "Continuar . . .\n";
else
  return 0;
```

Este ejemplo solicita un carácter que almacena en *car*. Después, el bucle **while** verifica si ese carácter es diferente a una 's' o a una 'n' en cuyo caso solicita de nuevo el carácter, y así sucesivamente mientras la respuesta no sea la esperada.

4.6 DO ... WHILE

La sentencia **do ... while** ejecuta una sentencia, simple o compuesta, una o más veces dependiendo del valor de una expresión. Su sintaxis es la siguiente:

```
do
  sentencia;
while (condición);
```

donde *condición* es cualquier expresión booleana y *sentencia* es una sentencia simple o compuesta. Observe que la estructura **do ... while** finaliza con un punto y coma.

La ejecución de una sentencia **do ... while** sucede de la siguiente forma:

1. Se ejecuta el bloque (sentencia simple o compuesta) de **do**.

2. Se evalúa la expresión correspondiente a la *condición* de finalización del bucle obteniéndose un resultado verdadero o falso.

3. Si el resultado es falso (**false**), se pasa el control a la siguiente sentencia en el programa.

4. Si el resultado es verdadero (**true**), el proceso descrito se repite desde el punto 1.

El ejemplo anterior utilizando esta sentencia podría escribirse así:

```
char car = '\0';
do
{
  cout << "\nDesea continuar s/n (sí o no) ";
  cin >> car;
  cin.ignore();
}
while (car != 's' && car != 'n');
if (car == 's')
  cout << "Continuar . . .\n";
else
  return 0;
```

4.7 FOR

La sentencia **for** permite ejecutar una sentencia simple o compuesta, repetidamente un número de veces conocido. Su sintaxis es la siguiente:

```
for ([v1=e1 [, v2=e2]...];[condición];[progresión-condición])
  sentencia;
```

*   *v1, v2...*, representan variables de control que serán iniciadas con los valores de las expresiones *e1, e2...*;
*   *condición* es una expresión booleana que, si se omite, se supone verdadera;
*   *progresión-condición* es una o más expresiones separadas por comas cuyos valores evolucionan en el sentido de que se cumpla la condición para finalizar la ejecución de la sentencia **for**;
*   *sentencia* es una sentencia simple o compuesta.

La ejecución de la sentencia **for** sucede de la siguiente forma:

1. Se inician las variables *v1, v2...*

2. Se evalúa la condición:

a) Si el resultado es verdadero (**true**), se ejecuta el bloque de sentencias, se evalúa la expresión que da lugar a la progresión de la condición y se vuelve al punto 2.

b) Si el resultado es falso (**false**), la ejecución de la sentencia **for** se
da por finalizada y se pasa el control a la siguiente sentencia en el
programa.

Por ejemplo, la siguiente sentencia **for** imprime los números del *1* al
100. Literalmente dice: desde *i* igual a *1*, mientras *i* sea menor o igual que
100, incrementando la *i* de uno en uno, escribir el valor de *i*.

```
int i;
for (i = 1; i <= 100; i++)
    cout << i << " ";
```

Un bucle **for** se ejecuta más rápidamente cuando las variables son enteras y las expresiones constantes. Por ejemplo, el siguiente código calcula
y muestra la suma de los números impares que hay entre el 1 y el 99:

```
int i, suma = 0;
for (i = 1; i <= 99; i += 2) // Para i=1,3,5,... hasta 99
{
    suma = suma + i;
}
cout << suma << endl;
```

El siguiente ejemplo realiza la misma suma anterior pero en orden in-
verso, esto es, del 99 al 1. Observe que la progresión de la condición es
ahora un valor negativo:

```
int i, suma = 0;
for (i = 99; i >= 1; i -= 2) // Para i=99,97,... hasta 1
{
    suma = suma + i;
}
cout << suma << endl;
```

4.8 SENTENCIA BREAK

Anteriormente vimos que la sentencia **break** finaliza la ejecución de una sentencia **switch**. Pues bien, cuando se utiliza **break** en un bucle **while**, **do** o **for**, hace lo mismo: finaliza la ejecución del bucle.

Cuando las sentencias **switch**, **while**, **do**, o **for** estén anidadas, la sentencia **break** solamente finaliza la ejecución del bucle donde esté incluida.

Por ejemplo, el siguiente código calcula y muestra la suma de los números impares que hay entre el 1 y el 99. Para ello emplea un bucle **while**, en principio infinito (la condición siempre es verdadera), que finalizará en el instante en el que se ejecute la sentencia **break**:

```cpp
int i = 1, suma = 0;
while (true)
{
    suma = suma + i;
    i += 2;
    if (i > 99) break;
}
cout << suma << endl;
```

4.9 TRY ... CATCH

Cuando durante la ejecución de un programa se produce un error que impide su continuación, el entorno de ejecución lanza una excepción que hace que se visualice un mensaje acerca de lo ocurrido y se detenga la ejecución. Cuando esto ocurra, si no deseamos que la ejecución del programa se detenga, habrá que utilizar **try** para poner en alerta al programa acerca del código que puede lanzar una excepción y utilizar **catch** para capturar y manejar cada excepción que se lance.

Por ejemplo, si utilizamos el operador >> de **cin** para obtener de la entrada estándar un dato **double** y se introduce una cadena de caracteres, se producirá un error que la aplicación podría notificar lanzando una excepción de la clase **failure**. Para habilitar este tipo de excepciones, **cin** debe invocar a su método **exceptions** así:

```cpp
cin.exceptions(ios::failbit | ios::badbit);
```

Según lo expuesto, podríamos escribir una función *leerDouble*, que nos garantice un dato correcto, como se indica a continuación. Esta función devolverá un **double** correspondiente al valor leído utilizando el operador >> de **cin**. Según se ha explicado anteriormente, si la entrada no es la esperada se lanzará una excepción de la clase **failure** que previamente habrá sido habilitada para las operaciones con **cin**. Para manejarla hay que capturarla, para lo cual se utiliza un bloque **catch**, y para poder capturarla hay que encerrar el código que puede lanzarla en un bloque **try**:

```cpp
double leerDouble()
{
  // Habilitar las excepciones de entrada
  cin.exceptions(ios::failbit | ios::badbit);
  double dato = 0.0;
  bool error = false;
  do
  {
    error = false;
    try
    {
      // Leer un dato
      cin >> dato;
    }
    catch(ios_base::failure& e)
    {
      // Manejar la excepción de tipo failure
      error = true;
      cout << e.what() << ": dato no válido\n";
      cin.clear();
      cin.ignore(256, '\n');
    }
  }
  while(error);
  // Deshabilitar las excepciones de entrada
  cin.exceptions(ios::goodbit);
  return dato; // devolver el dato tecleado
}
```

La función anterior solicita un dato desde la entrada estándar:

```cpp
cin >> dato;
```

Si el dato introducido por medio del teclado no se corresponde con el tipo de dato solicitado, en nuestro caso un **double**, se lanzará una excepción de tipo **failure** que será atrapada por el bloque **catch** para manejarla así: tomamos nota de que ha ocurrido un error (*error = true*), indicamos con un mensaje que el dato no es válido, habilitamos de nuevo el flujo de entrada para leer (*cin.clear()*) que había sido deshabilitado cuando se lanzó la excepción y limpiamos el búfer del flujo de entrada para eliminar la información que no fue extraída por no ser del tipo esperado:

```
// Manejar la excepción de tipo failure
error = true;
cout << e.what() << ": dato no válido\n";
cin.clear();
cin.ignore(256, '\n');
```

El proceso de lectura se repetirá mientras haya error (*error = true*). Con el fin de reutilizar esta función vamos a editarla en un fichero *leer.cpp*.

Cree un nuevo proyecto. Este proyecto incluirá de forma predeterminada un fichero *main.cpp* con la función **main**. Añada al proyecto un nuevo fichero *leer.cpp* (*File > New > File... > C/C++ source*). Escriba en *leer.cpp* la función *leerDouble*:

```
#include <iostream>
using namespace std;

double leerDouble()
{
  // Cuerpo de la función
}
```

A continuación, para probar y ver cómo trabaja la función *leerDouble*, edite la función **main** así:

```
#include <iostream>
using namespace std;

double leerDouble(); // declaración anticipada

int main()
{
  double dDato = 0.0;
```

```
  cout << "Dato: ";
  dDato = leerDouble();
  cout << dDato << endl;
  return 0;
}
```

Observe que en C++ siempre que se invoque a una función de su biblioteca, de cualquier otra biblioteca o de nuestros propios recursos, como
ocurre con *leerDouble*, el compilador requiere conocer cómo fue declarada
esa función que estamos utilizando, de ahí la declaración anticipada que
hemos especificado antes de ser invocada (por encima de **main**). Eso es lo
que hacemos cuando incluimos los ficheros de cabecera como *iostream*:
anticipar las declaraciones de los elementos de la biblioteca de C++ que
utilizamos en el código que escribimos. Análogamente, nosotros podríamos
escribir un fichero de cabecera, *leer.h*, e incluir en él las declaraciones anti-
cipadas, en este caso una, la de la función *leerDouble*. Después, utilizaría-
mos ese fichero así:

```
#include <iostream>
#include "leer.h"
using namespace std;

int main()
{
  double dDato = 0.0;
  cout << "Dato: ";
  dDato = leerDouble();
  cout << dDato << endl;
  return 0;
}
```

Resumiendo: cuando una función lanza una excepción, el sistema es
responsable de encontrar a alguien que la atrape con el objetivo de manipu-
larla. El conjunto de esos "alguien" es el conjunto de funciones especificadas en la pila de llamadas hasta que ocurrió el error. Por ejemplo, fijándonos
en la figura siguiente, cuando se ejecute la función *leerDouble* y se invoque
a la función que resuelve *cin >> dato*, la *pila de llamadas* crecerá así:

```
main > leerDouble > función que resuelve "cin >> dato"
```

Si al ejecutarse *cin >> dato* ocurriera un error, se lanzaría una excepción de la clase **failure** que interrumpiría el flujo normal de ejecución. Después, el sistema buscaría en la pila de llamadas, hacia abajo y comenzando

por la propia función que produjo el error, una que implemente un maneja-dor (bloque **catch**) que pueda atrapar esta excepción. Si el sistema, des-cendiendo por la pila de llamadas, no encontrara este manejador, el programa terminaría.

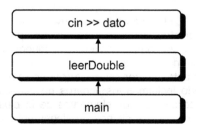

Capítulo 5

MÁS SOBRE FUNCIONES

De la misma forma que la biblioteca C++ proporciona elementos prede-finidos como los objetos **cin** y **cout** o la función **sqrt**, nosotros también po-demos añadir a nuestro programa nuestros propios objetos y funciones y utilizarlos de la misma forma que lo hacemos con los predefinidos.

Por ejemplo, en el programa siguiente la función **main** muestra la suma de dos valores cualesquiera; dicha suma la obtiene invocando a una función *sumar* añadida por nosotros que recibe en sus parámetros *x* e *y* los valores a sumar, realiza la suma de ambos y utilizando la sentencia **return**, devuel-ve el resultado solicitado por **main**.

Tipo del valor
retornado

Parámetros que se pasarán
como argumentos

```
double sumar(double x, double y)
{
  double resultado = 0;
  resultado = x + y;
  return resultado;
}
```

Valor retornado por la
función sumar

Para una mejor comprensión de lo dicho, piense en la función llamada *logaritmo* que seguro habrá utilizado más de una vez a lo largo de sus estu-dios. Esta función devuelve un valor real correspondiente al logaritmo del valor pasado como argumento: $x = log(y)$. Bueno, pues compárelo con la función *sumar* y comprobará que estamos hablando de cosas análogas: $r = sumar(a, b)$.

Según lo expuesto y aplicando los conocimientos adquiridos hasta ahora, el programa propuesto puede ser como se muestra a continuación:

```
#include <iostream>
using namespace std;

double sumar(double x, double y)
{
  double resultado = 0;
  resultado = x + y;
  return resultado;
}

int main()
{
  double a = 10, b = 20, r = 0;
  r = sumar(a, b);
  cout << "Suma = " << r;

  return 0;
}
```

Observe cómo es la llamada a la función *sumar*: $r = sumar(a, b)$. La función es invocada por su nombre, entre paréntesis se especifican los argumentos con los que debe operar, y el resultado que devuelve se almacena en *r*.

Finalmente, si comparamos el esqueleto de la función *sumar* y el de la función **main**, observamos que son muy parecidas: *sumar* devuelve un valor de tipo real de doble precisión indicado por **double** y **main** un entero (**int**) y *sumar* tiene dos parámetros, *x* e *y*, y **main** ninguno.

5.1 DEFINICIÓN

Una función es una colección de sentencias que ejecutan una tarea específica. En C++, una función puede estar definida fuera de todo bloque o puede pertenecer a una clase (cuando es miembro de una clase general-

mente se la llama método) y su definición nunca puede contener a la definición de otra función; esto es, C++ no permite funciones anidadas.

La definición de una función consta de una *cabecera* y del *cuerpo* de la
función encerrado entre llaves. La sintaxis para escribir una función es la
siguiente:

```
tipo-resultado nombre-función ([parámetros])
{
  declaraciones de variables locales;
  sentencias;
  [return [(]expresión[)];]
}
```

Las variables declaradas en el cuerpo de la función son locales a dicha
función y por definición solamente son accesibles dentro de la misma.

En el caso de que la función pertenezca a una clase, se utilizarán *modi-
ficadores* para especificar el nivel de protección de la misma; los más usua-
les son **public** y **private** (por omisión se supone **private**). Véase el apartado
Variables del capítulo 2. En este apartado dijimos que la accesibilidad pública o privada se podía aplicar también a los métodos de una clase, además
de a los atributos de la misma.

El *tipo del resultado* especifica qué tipo de valor retorna la función. Éste
puede ser cualquier tipo primitivo o derivado. Para indicar que no se devuelve nada, se utiliza la palabra reservada **void**. El resultado de una función es
devuelto por medio de la sentencia **return**, instante en el que finaliza la
ejecución de la misma:

```
return [(]expresión[)];
```

La sentencia **return** puede ser o no la última y puede aparecer más de
una vez en el cuerpo de la función (por ejemplo, si se cumple tal condición,
return). En el caso de que la función no retorne un valor (**void**), se puede
omitir o especificar simplemente **return**. Por ejemplo:

```
void mEscribir()
{
  // ...
  return;
}
```

La lista de *parámetros* de una función son las variables que reciben los valores de los argumentos especificados cuando se invoca a la misma. Consiste en una lista de cero, uno o más identificadores con sus tipos, separados por comas. En el siguiente ejemplo podemos observar que la función *sumar* tiene dos parámetros, *x* e *y*, de tipo **double**:

```
double sumar(double x, double y)
{
  // ...
}
```

5.2 ENFOQUE PROCEDURAL FRENTE A OTRO ORIENTADO A OBJETOS

Para explicar estas dos técnicas de desarrollo de aplicaciones, vamos a plantear un ejemplo sencillo de un programa que presente una tabla de equivalencia entre grados centígrados y grados *fahrenheit*, como indica la figura siguiente:

```
-30 C     -22.00 F
-24 C     -11.20 F
       .
       .
       .
 90 C     194.00 F
 96 C     204.80 F
```

La relación entre los grados centígrados y los grados *fahrenheit* viene dada por la expresión *grados fahrenheit = 9/5 * grados centígrados + 32*. Los cálculos los vamos a realizar para un intervalo de −30 a 100 grados centígrados con incrementos de 6.

Puesto que C++ es un lenguaje de programación híbrido, analicemos el problema primero pensando en funciones, realizaremos una descomposición del problema general estructurándolo en funciones que se llamarán entre sí, y después pensando en objetos, realizaremos una programación orientada a objetos.

5.2.1 Pensando en funciones

El diseño *top down* de programas consiste precisamente en encontrar la solución de un problema mediante la aplicación sistemática de descomposición del problema general en subproblemas cada vez más simples, aplicando la máxima de "dividir para vencer".

El empleo de esta técnica de desarrollo de programas, así como la utilización únicamente de estructuras secuenciales, alternativas y repetitivas, nos conduce a la denominada *programación estructurada*.

Desde este punto de vista, vamos a analizar el problema propuesto. ¿Qué piden? Escribir cuántos grados *fahrenheit* son −30 C, −24 C..., *n* grados centígrados..., 96 C. Y, ¿cómo hacemos esto? Aplicando la fórmula:

```
GradosFahrenheit = 9/5 * nGradosCentígrados + 32
```

una vez para cada valor de *nGradosCentígrados*, desde −30 a 100 con incrementos de 6. Para entender con claridad lo expuesto, hagamos un alto y pensemos en un problema análogo; por ejemplo, cuando nos piden calcular el logaritmo de 2, en general de *n*, ¿qué hacemos? Utilizar la función *log*; esto es:

```
x = log(n)
```

Análogamente, si tuviéramos una función *convertir* que hiciera los cálculos para convertir *n* grados centígrados en grados *fahrenheit*, escribiríamos:

```
GradosFahrenheit = convertir(nGradosCentígrados)
```

Sin casi darnos cuenta, estamos haciendo una descomposición del problema general en subproblemas más sencillos de resolver. Recordando que un programa C++ tiene que tener una función **main**, además de otras funciones si lo consideramos necesario, ¿cómo se ve de una forma gráfica la sentencia anterior? La figura siguiente da respuesta a esta pregunta:

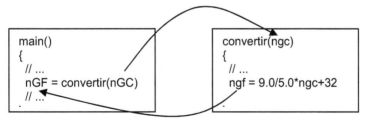

Análogamente a como hacíamos con la función logaritmo, aquí, desde la función **main**, se llama a la función *convertir* pasándola como argumento el valor en grados centígrados a convertir. La función logaritmo devolvía como resultado el logaritmo del valor pasado. La función *convertir* devuelve el valor en grados *fahrenheit* correspondiente a los grados centígrados pasados. Sólo queda visualizar este resultado y repetir el proceso para cada uno de los valores descritos. Seguramente pensará que todo este proceso se podría haber hecho utilizando solamente la función **main**, lo cual es cierto. Pero, lo que se pretende es que pueda ver de una forma clara que, en general, un programa C++ es un conjunto de funciones que se llaman entre sí con el fin de obtener el resultado perseguido, y que la forma sencilla de resolver un problema es descomponerlo en subproblemas más pequeños y por lo tanto más fáciles de solucionar; cada subproblema será resuelto por una función C++.

Una vez analizado el problema, vamos a escribir el código. Inicie un nuevo proyecto y añada al fichero *main.cpp* las funciones *convertir* y **main** como se muestra a continuación:

```
/* Paso de grados Centígrados a Fahrenheit (F=9/5*C+32)
 */
#include <iostream>
#include <iomanip>
using namespace std;

// Declaración de la función convertir
float convertir(int c);

int main()
{
  const int INF = -30; // límite inferior del intervalo de ºC
  const int SUP = 100; // límite superior */

  // Declaración de variables locales
  int nGradosCentigrados = 0;
  int incremento = 6; // iniciar incremento con 6
  float GradosFahrenheit = 0;

  nGradosCentigrados = INF;
  cout << fixed; // formato en coma flotante
  while (nGradosCentigrados <= SUP)
  {
    // Se llama a la función convertir
```

```
    GradosFahrenheit = convertir(nGradosCentigrados);
    // Se escribe la siguiente línea de la tabla
    cout << setw(10) << nGradosCentigrados << " C";
    cout << setw(10) << setprecision(2)
        << GradosFahrenheit << " F\n";
    // Siguiente valor a convertir
    nGradosCentigrados += incremento;
  }
  return 0;
}

// Función convertir grados centígrados a Fahrenheit
float convertir(int gcent)
{
  float gfahr;

  gfahr = 9.0 / 5.0 * gcent + 32;
  return (gfahr);
}
```

Como ya expusimos en el capítulo anterior, siempre que se invoque a una función de la biblioteca de C++, de cualquier otra biblioteca o de nuestros propios recursos, como ocurre con *convertir*, el compilador requiere conocer cómo fue declarada esa función que estamos utilizando, de ahí la declaración anticipada que hemos especificado antes de **main**. Análogamente, los ficheros de cabecera como *iostream* e *iomanip* anticipan las declaraciones de los elementos de la biblioteca de C++ que utilizamos en el código que hemos escrito.

5.2.2 Pensando en objetos

Planteamos ahora otra solución del problema anterior desde el enfoque particular de la programación orientada a objetos. ¿De qué trata el problema? De conversión de grados C a F. Entonces podemos pensar en objetos "grados" que encapsulen un valor en grados centígrados y los métodos necesarios para asignar al objeto un valor en grados centígrados, así como para obtener tanto el dato grados centígrados como su equivalente en grados *fahrenheit*. En base a esto, podríamos escribir una clase *CGrados* como se puede observar a continuación. Previamente, cree un proyecto *ProgOO* y, después, añada al fichero *main.cpp* la clase *CGrados* a la que nos hemos referido:

```
class CGrados
{
  private:
    float gradosC; // grados centígrados

  public:
    void CentigradosAsignar(float gC)
    {
      // Establecer el atributo grados centígrados
      gradosC = gC;
    }

    float FahrenheitObtener()
    {
      // Retornar los grados fahrenheit equivalentes
      // a gradosC
      return 9.0/5.0 * gradosC + 32;
    }

    float CentigradosObtener()
    {
      return gradosC; // retornar los grados centígrados
    }
};
```

El código anterior muestra que un objeto de la clase *CGrados* tendrá una estructura interna formada por el atributo:

- *gradosC*, grados centígrados,

y una interfaz de acceso formada por los métodos:

- *CentigradosAsignar* que permite asignar a un objeto un valor en grados centígrados.

- *FahrenheitObtener* que permite retornar el valor grados *fahrenheit* equivalente a *gradosC* grados centígrados.

- *CentigradosObtener* que permite retornar el valor almacenado en el atributo *gradosC*.

Sin casi darnos cuenta estamos abstrayendo (separando por medio de una operación intelectual) los elementos naturales que intervienen en el problema a resolver y construyendo objetos que los representan (véase también el apartado *Programación orientada a objetos* del capítulo 2).

Recordando lo visto en el apartado *Estructura de un programa* del capítulo 2, un programa C++ tiene que tener una función **main**, por donde empezará y terminará la ejecución del mismo, además de otros elementos (funciones, clases, etc.) que consideremos necesarios. ¿Cómo podemos imaginar esto aplicado a nuestro problema de una forma gráfica? La figura siguiente da respuesta a esta pregunta:

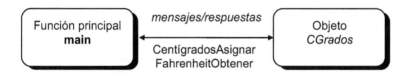

Entonces, ¿qué tiene que hacer la función principal? Pues, visualizar cuántos grados *fahrenheit* son –30 C, –24 C..., *n* grados centígrados..., 96 C. Y, ¿cómo hace esto? Enviando al objeto *CGrados* los mensajes *CentígradosAsignar* y *FahrenheitObtener* una vez para cada valor desde –30 a 100 grados centígrados con incrementos de 6. El objeto *CGrados* responderá ejecutando los métodos vinculados con los mensajes que recibe. Según esto, la función **main** que dará lugar al proceso descrito puede ser la siguiente:

```cpp
#include <iostream>
#include <iomanip>
using namespace std;

// Clase CGrados
class CGrados
{
  // Cuerpo de la clase.
  // Obsérvese que finaliza con punto y coma.
};

int main()
{
  const int INF = -30; // límite inferior del intervalo de ºC
  const int SUP = 100; // límite superior */

  // Declaración de variables locales
  int nGradosCentigrados = 0;
  int incremento = 6; // iniciar incremento con 6
  float GradosFahrenheit = 0;
```

```
nGradosCentigrados = INF;
CGrados grados; // objeto grados

cout << fixed; // formato en coma flotante
while (nGradosCentigrados <= SUP)
{
  // Asignar al objeto grados el valor en
  // grados centígrados
  grados.CentigradosAsignar(nGradosCentigrados);
  // Obtener del objeto grados los grados fahrenheit
  GradosFahrenheit = grados.FahrenheitObtener();
  // Se escribe la siguiente línea de la tabla
  cout << setw(10) << nGradosCentigrados << " C";
  cout << setw(10) << setprecision(2)
       << GradosFahrenheit << " F\n";
  // Siguiente valor a convertir
  nGradosCentigrados += incremento;
}

return 0;
}
```

Observe que lo primero que hace la función **main** es crear el objeto *grados* de la clase *CGrados* que utilizará para invocar a los métodos de esta clase que permitan crear la tabla de conversión.

Un miembro de una clase declarado *privado* puede ser accedido úni-camente desde los métodos de su clase. En el ejemplo anterior se puede observar que el atributo *gradosC* es privado y es accedido a través del método *CentígradosAsignar*. Si una función o un método de otra clase, por ejemplo la función **main**, incluyera una sentencia como la siguiente,

```
grados.gradosC = 30;
```

el compilador C++ mostraría un error indicando que el miembro *gradosC* no es accesible desde esta clase, por tratarse de un miembro privado de *CGrados*.

Un miembro de una clase declarado *público* es accesible desde cual-quier función del programa o desde cualquier método definido dentro de la propia clase o en otra clase. Por ejemplo, en la función **main**, se puede observar cómo el objeto *grados* accede a su método *CentígradosAsignar* con el fin de modificar el valor de su miembro privado *gradosC*.

Generalmente los atributos de una clase de objetos se declaran privados, estando así ocultos para otras clases, siendo posible el acceso a los mismos únicamente a través de los métodos públicos de dicha clase. El mecanismo de ocultación de miembros se conoce en la programación orientada a objetos como *encapsulación*: proceso de ocultar la estructura interna de datos de un objeto y permitir el acceso sólo a través de la interfaz pública definida, entendiendo por interfaz pública el conjunto de miembros públicos de una clase. ¿Qué beneficios reporta la encapsulación? Pues controlar las operaciones que se pueden hacer sobre los atributos a través de los métodos que forman la interfaz pública.

5.3 PASANDO ARGUMENTOS A LAS FUNCIONES

En C++, se puede pasar un argumento a una función (o a un método de una clase) por *valor* o por *referencia*. Cuando un argumento se pasa por valor, lo que se pasa es una copia del mismo, por lo cual, la función no puede modificar el valor original. En cambio, cuando se pasa por referencia, lo que se pasa es la posición en la memoria de dicho valor, con lo que la función puede acceder directamente al argumento especificado en la llamada para modificar su valor original.

Las variables de cualquier tipo (**int**, **double**, **string**, etc.), excepto las matrices que estudiaremos en el siguiente capítulo, especificadas en la llamada a una función se pasan por valor de forma predeterminada, lo cual significa que se pasa una copia, por lo que cualquier modificación que se haga sobre los parámetros formales de la función en el cuerpo de la misma no afecta a las variables originales. Por ejemplo, volviendo al programa anterior, la siguiente llamada a la función *convertir* pasa el argumento *nGradosCentigrados* por valor:

```
GradosFahrenheit = convertir(nGradosCentigrados);
```

lo que supone copiar el valor de *nGradosCentigrados* en el parámetro formal *gC* de *CentigradosAsignar*.

Para pasar una variable por referencia a una función hay que anteponer el símbolo **&** al nombre de la variable especificada en la lista de parámetros de la función. Por ejemplo, la función **main** del siguiente programa invoca a la función *intercambiar* pasando dos argumentos de tipo entero por referencia con el objetivo de permutar sus valores:

```
#include <iostream>
using namespace std;

void intercambiar(int& x, int& y)
{
  int z = x;
  x = y;
  y = z;
}

int main()
{
  int a = 10, b = 20;

  intercambiar(a, b);

  cout << "a = " << a << ", b = " << b << endl;
  return 0;
}
```

En este ejemplo, la lista de parámetros de *intercambiar* son dos referencias, *x* e *y*, a dos enteros (**int**). ¿Quiénes son esos dos enteros? Cuando **main** llama a la función *intercambiar*, esos dos enteros son *a* y *b* respectivamente; esto es, mientras se ejecuta *intercambiar* todo lo que se haga con *x* se está haciendo con *a* (*x* es sinónimo de *a*) y todo lo que se haga con *y* se está haciendo con *b* (*y* es sinónimo de *b*).

Pruebe a eliminar el símbolo **&** en la declaración de los parámetros de la función y observará que los valores de *a* y *b* no se permutan porque en este caso se estaría pasando una copia; esto es, *x* sería una copia de *a* e *y* una copia de *b* y todo lo que se haga sobre las copias *x* e *y* no afecta a los originales *a* y *b*.

5.4 PARÁMETROS POR OMISIÓN

Todos los parámetros formales de una función, o bien algunos de ellos, esto es, desde un determinado parámetro hasta el final, se pueden declarar por omisión. Es decir, en la declaración de la función o en su definición, sólo cuando se omita la declaración, se especificarán los valores que deberán asumir los parámetros cuando se produzca una llamada a la función y éstos se omitan. Por ejemplo, la función *visualizar* que se expone a continuación asume para sus parámetros *a*, *b* y *c* los valores 1, 2.5 y 3.456, respectivamente, cuando éstos se omitan en la llamada.

```cpp
#include <iostream>
using namespace std;

void visualizar(int a=1, float b=2.5F, double c=3.456)
{
   cout << "parámetro " << 1 << " = " << a << ", ";
   cout << "parámetro " << 2 << " = " << b << ", ";
   cout << "parámetro " << 3 << " = " << c << endl;
}

int main()
{
   visualizar();
   visualizar( 2 );
   visualizar( 2, 3.7F );
   visualizar( 2, 3.7F, 8.125 );

   return 0;
}
```

El resultado de ejecutar este ejemplo será el siguiente:

```
parámetro 1 = 1, parámetro 2 = 2.5, parámetro 3 = 3.456
parámetro 1 = 2, parámetro 2 = 2.5, parámetro 3 = 3.456
parámetro 1 = 2, parámetro 2 = 3.7, parámetro 3 = 3.456
parámetro 1 = 2, parámetro 2 = 3.7, parámetro 3 = 8.125
```

La siguiente versión asigna los valores por omisión en la declaración de la función a todos los parámetros menos al primero; quiere esto decir que cuando se invoque a dicha función habrá que especificar al menos un valor.

```cpp
void visualizar(int a, float b=2.5F, double c=3.456);

int main()
{
   visualizar( 2 );
```

```
visualizar( 2, 3.7F );
visualizar( 2, 3.7F, 8.125 );

return 0;
}
```

```
void visualizar(int a, float b, double c)
{
  cout << "parámetro " << 1 << " = " << a << ", ";
  cout << "parámetro " << 2 << " = " << b << ", ";
  cout << "parámetro " << 3 << " = " << c << endl;
}
```

5.5 FUNCIONES RECURSIVAS

Se dice que una función es recursiva si se llama a sí misma. Por ejemplo, la función *factorial*, cuyo código se presenta a continuación, es recursiva.

```
long factorial(int n)
{
  long f = 0;

  if (n -- 0)
    return 1;
  else
    return n * factorial(n - 1);
}
```

Se puede observar que la ejecución de *factorial* se inicia *n + 1* veces; cuando se resuelve *factorial(0)* hay todavía *n* llamadas pendientes de resolver; cuando se resuelve *factorial(1)* hay todavía *n - 1* llamadas pendientes de resolver; etc. Obsérvese también que el parámetro *n* es una variable local a la función, por eso está presente con su valor local en cada una de las ejecuciones. Quiere esto decir que por cada ejecución recursiva de la función, se necesita cierta cantidad de memoria para almacenar las variables locales y el estado en curso del proceso de cálculo con el fin de recuperar dichos datos cuando se acabe una ejecución y haya que reanudar la anterior. Por este motivo, en aplicaciones prácticas es imperativo demostrar que el nivel máximo de recursión es, no sólo finito, sino realmente pequeño.

Según lo expuesto, los algoritmos recursivos son particularmente apropiados cuando el problema a resolver o los datos a tratar se definen en forma recursiva. Sin embargo, el uso de la recursión debe evitarse cuando haya una solución obvia por iteración como la mostrada a continuación:

```
long factorial(int n)
{
  long f = 0;
  if (n == 0)
    return 1;
  else
  {
    f = 1;
    while (n > 0)
    {
      f = n * f;
      n--;
    }
    return f;
  }
}
```

5.6 FUNCIONES MATEMÁTICAS

La biblioteca de C++ proporciona una serie de funciones que permiten realizar las operaciones matemáticas de uso común, tales como raíz cuadrada, exponencial, logaritmo y funciones trigonométricas. Las declaraciones relativas a estas funciones están incluidas en el fichero de cabecera *cmath*, fichero que deberá incluir en su programa cuando vaya a utilizar estas funciones. El código siguiente muestra un ejemplo que utiliza la función raíz cuadrada:

```
double raiz_cuadrada = 0;
double n = 345.0;
raiz_cuadrada = sqrt(n);
cout << fixed << setprecision(2);
cout << "La raíz cuadrada de " << n
     << " es " << raiz_cuadrada << endl;
```

La tabla siguiente muestra de forma resumida las funciones matemáticas de la biblioteca de C++.

Atributo/Función	Descripción
abs(*a*)	Devuelve el valor absoluto de *a*. El tipo de *a* es cualquier tipo primitivo. Para valores reales también se puede utilizar **fabs**.
ceil(*a*)	Devuelve el valor **double** sin decimales más pequeño que es mayor o igual que *a*.
floor(*a*)	Devuelve el valor **double** sin decimales más grande que es menor o igual que *a*.
sqrt(*a*)	Devuelve la raíz cuadrada de *a* (*a* no puede ser negativo).
exp(*a*)	Devuelve el valor de e^a.
log(*a*)	Devuelve el logaritmo en base *e* (natural) de *a*.
log10(*a*)	Devuelve el logaritmo en base 10 de *a*.
pow(*a*, *b*)	Devuelve el valor de a^b.
acos(*a*)	Arco, de *0.0* a π, cuyo coseno es *a*.
asin(*a*)	Arco, de $-\pi/2$ a $\pi/2$, cuyo seno es *a*.
atan(*a*)	Arco, de $-\pi/2$ a $\pi/2$, cuya tangente es *a*.
sin(*a*)	Seno de *a* radianes.
cos(*a*)	Coseno de *a* radianes.
tan(*a*)	Tangente de *a* radianes.

5.7 NÚMEROS ALEATORIOS

La biblioteca de C++ incluye una función llamada **rand** que retorna un valor entero seudoaleatorio entre 0 y 32767 y la función **srand** inicia el generador de números seudoaleatorios en función del valor de su argumento. El código siguiente muestra una función de cómo obtener un número al azar entre los límites *inf* y *sup* ambos inclusive.

```
int numaleatorio(int inf, int sup)
{
  static bool primera_vez = true;
  // Iniciar el generador de forma aleatoria
  if (primera_vez)
  {
    srand((unsigned)time(NULL));
    primera_vez = false;
  }
```

```
// Se genera un número aleatorio
int num = rand()%(sup - inf + 1) + inf;
return num;
}
```

Si no se utiliza **srand**, el valor del primer número seudoaleatorio generado siempre es el mismo para cada nueva ejecución de la aplicación. Por eso se ha introducido el código:

```
static bool primera_vez = true;
if (primera_vez)
{
  srand((unsigned)time(NULL));
  primera_vez = false;
}
```

Una variable **static** definida en una función es local pero conserva su último valor mientras la ejecución de la aplicación a la que pertenece la función no finalice. De ahí que hayamos utilizado la variable **static** *primera_vez* para ejecutar **srand** una sola vez por cada nueva ejecución de la aplicación. La función **time** retorna el número de segundos transcurridos desde una fecha predeterminada.

5.8 EJEMPLO 1

Escriba una función, *datoDouble*, que permita leer del teclado de forma segura un número real de tipo **double** y otra, *datoInt*, que permita leer un número entero. La declaración de estas funciones será así:

```
bool datoInt(int& dato);
bool datoDouble(double& dato);
```

Se puede observar que los parámetros de las funciones serán pasados por referencia. Por otra parte, la idea es que ambas devuelvan un valor **true** cuando la lectura sea correcta y **false** en el caso de que, ante una petición de un dato, se pulse las teclas *Ctrl+z*. Si ante la ejecución de una expresión de la forma *cin >> x* pulsamos las teclas *Ctrl+z* en lugar de introducir el dato, la función **eof** de **cin** devuelve el valor **true**, señal de que hemos decidido finalizar la entrada de datos. Entonces, podemos aprovechar este comportamiento para introducir un número indeterminado de datos, como veremos a continuación.

Con el fin de poder reutilizar estas funciones en cualquier otro proyecto, incluiremos sus definiciones en un fichero *leer.cpp* y sus declaraciones en un fichero de cabecera *leer.h*. Según esto, la aplicación que a continuación vamos a desarrollar estará formada por un fichero *leer.cpp*, para definir las funciones *datoInt* y *datoDouble*, un fichero *leer.h* que incluya las declaraciones de estas funciones y un otro, *main.cpp*, que incluya la función **main**. Véase el apartado *try...catch* expuesto en el capítulo 4.

Pues bien, empecemos por crear un proyecto *LeerDato* con un fichero principal (el que contiene la función **main**) denominado *main.cpp*.

Después, añada al proyecto un nuevo fichero *leer.h* (*File > New > File...* > *C/C++ header*) y complételo como se indica a continuación:

```
// leer.h
#ifndef LEER_H_INCLUDED
#define LEER_H_INCLUDED

bool datoInt(int& dato);
bool datoDouble(double& dato);

#endif // LEER_H_INCLUDED
```

A continuación, añada al proyecto otro nuevo fichero *leer.cpp* (*File > New > File...* > *C/C++ source*) y escriba en *leer.cpp* las funciones *datoDouble* y *datoInt* como se indica a continuación:

```
// leer.cpp
#include <iostream>
using namespace std;

bool datoDouble(double& dato)
{
  // Habilitar las excepciones de entrada
  cin.exceptions(ios::failbit | ios::badbit);
  bool error = false;

  do
  {
    error = false;
    try
    {
```

```
      // Leer un dato
      cin >> dato;
    }
    catch(ios_base::failure& e)
    {
      // Si se pulsó Ctrl+z cin.eof() devolverá true
      if (cin.eof() == true)
      {
        cin.clear();
        return false;
      }
      // Manejar la excepción de tipo failure
      error = true;
      cout << e.what() << ": dato no válido\n";
      cin.clear();
      cin.ignore(256, '\n');
    }
  }
  while(error);
  // Deshabilitar las excepciones de entrada
  cin.exceptions(ios::goodbit);
  return true;
}

bool datoInt(int& dato)
{
  double d;
  bool b = datoDouble(d);
  dato = (int)d; // se toma la parte entera
  return b;
}
```

Para probar las funciones anteriores puede escribir en la función **main** un código análogo al siguiente:

```
#include <iostream>
#include "leer.h"

using namespace std;

int main()
{
```

```
int d = 0, suma = 0;
bool seguirLeyendo = false;

cout << "Introducir datos.\n"
     << "Para finalizar pulse Ctrl+z\n";
cout << "Dato: "; seguirLeyendo = datoInt(d);
while(seguirLeyendo)
{
  suma += d;
  cout << "Dato: ";
  seguirLeyendo = datoInt(d);
}
cout << "Suma: " << suma << endl;
return 0;
}
```

Este código solicita un número de datos indeterminado (hasta que el usuario pulse las teclas *Ctrl+z*) y muestra la suma total de dichos datos.

Obsérvese la inclusión del fichero *leer.h* para que el compilador tenga información acerca de la función *datoInt* que invocamos desde la función **main**.

5.9 EJEMPLO 2

Realizar un programa para jugar con el ordenador a acertar números. El ordenador piensa un número y nosotros debemos acertar cuál es en un número de intentos determinado. Por cada intento sin éxito el ordenador nos irá indicando si el número especificado es mayor o menor que el pensado por él. El número pensado por el ordenador se puede obtener por medio de la función *numaleatorio* que escribimos en el apartado *Números aleatorios* anteriormente, y los números pensados por nosotros los introduciremos por el teclado (podemos utilizar *leer.h* y *leer.cpp*).

Para empezar, cree un proyecto denominado *AdivinarNum*. Después añada al proyecto los ficheros *leer.h* y *leer.cpp*, y complete el fichero *main.cpp* como se indica a continuación:

```
#include <iostream>
#include "leer.h"
using namespace std;
```

```
int numaleatorio(int inf, int sup)
{
  static bool primera_vez = true;
  // Iniciar el generador de forma aleatoria
  if (primera_vez)
  {
    srand((unsigned)time(NULL));
    primera_vez = false;
  }
  // Se genera un número aleatorio
  int num = rand()%(sup - inf + 1) + inf;
  return num;
}
```

```
int main()
{
  int numero = 0; // número pensado por el usuario
  int adivinar = 0; // número pensado por el ordenador
  int i = 0; // intentos realizados
  int oportunidades = 7; // número de intentos permitido
  char resp = 'n'; // ¿seguir jugando (s/n)?

  cout << "Adivina mi número entre 0 y 100.\n";
  cout << "Tienes " << oportunidades
       << " oportunidades. SUERTE.\n";
  do
  {
    adivinar = numaleatorio(0, 100);
    i = 0;
    do
    {
      cout << "Número: ";
      datoInt(numero);

      if (numero < adivinar)
      {
        cout << "Más grande\n";
      }
      else if (numero > adivinar)
      {
        cout << "Más pequeño\n";
      }
```

```
      else if (numero == adivinar)
      {
        cout << "Muy bien!!!!. Has acertado\n";
      }
      i++;
    }
  while ((numero != adivinar) && (i < oportunidades));

  if (numero != adivinar)
  {
    cout << "No acertaste. El número"
         << " era el " << adivinar << endl;
  }
  cout << "¿Quieres seguir jugando? (s/n): ";
  cin >> resp;
  cin.ignore(); // limpiar \n
 }
 while (resp == 's');

 return 0;
}
```

5.10 EJEMPLO 3

Realizar un programa que a través de un menú permita realizar las operaciones de *sumar*, *restar*, *multiplicar*, *dividir* y *salir*. Las operaciones constarán solamente de dos operandos. El menú será visualizado por una función sin argumentos que devolverá como resultado la opción elegida. La ejecución será de la forma siguiente:

```
      1. sumar
      2. restar
      3. multiplicar
      4. dividir
      5. salir

Seleccione la operación deseada: 1
Dato 1: 2,5
Dato 2: 3,2
Resultado = 5,7
```

La solución de este problema puede ser de la siguiente forma:

- Creamos un nuevo proyecto *Calculadora*. Automáticamente se crea este proyecto con un fichero *main.cpp* que define la función **main**. Añadimos al proyecto los ficheros *leer.h* y *leer.cpp* utilizados en el ejercicio anterior.

- Declaramos las funciones que van a intervenir en el programa:

```
#include "leer.h"
int menu(void);
```

- Definimos las variables que van a intervenir en el programa:

```
double dato1 = 0, dato2 = 0, resultado = 0;
int operación = 0;
```

- A continuación presentamos el menú en la pantalla para poder elegir la operación a realizar.

```
operacion = menu();
```

La definición de la función *menu* puede ser así:

```
int menu()
{
  int op;
  do
  {
    cout << "\t1. sumar\n";
    cout << "\t2. restar\n";
    cout << "\t3. multiplicar\n";
    cout << "\t4. dividir\n";
    cout << "\t5. salir\n";
    cout << "\nSeleccione la operación deseada: ";
    datoInt(op);
  }
  while (op < 1 || op > 5);

  return op;
}
```

- Si la operación elegida no ha sido *salir*, leemos los operandos *dato1* y *dato2*:

```
if (operacion != 5)
{
  // Leer datos
  cout << "Dato 1: "; datoDouble(dato1);
  cout << "Dato 2: "; datoDouble(dato2);

  // Realizar la operación
}
else
  break; // salir
```

- A continuación, realizamos la operación elegida con los datos leídos e imprimimos el resultado:

```
switch (operacion)
{
  case 1:
    resultado = dato1 + dato2;
    break;
  case 2:
    resultado = dato1 - dato2;
    break;
  case 3:
    resultado = dato1 * dato2;
    break;
  case 4:
    if (dato2 == 0)
      cout << "el divisor no puede ser 0\n";
    else
      resultado = dato1 / dato2;
    break;
}
// Escribir el resultado
cout << "Resultado = " << resultado << endl;
system("pause"); // hacer una pausa
```

- Las operaciones descritas formarán parte de un bucle infinito formado por una sentencia **while** con el fin de poder encadenar distintas operaciones:

```
while (true)
{
  // sentencias
}
```

El programa completo se muestra a continuación:

```cpp
#include <iostream>
#include <limits>
#include "leer.h"
using namespace std;

int menu(void);

int main()
{
  double dato1 = 0, dato2 = 0, resultado = 0;
  int operacion = 0;

  while (true)
  {
    operacion = menu();

    if (operacion != 5)
    {
      // Leer datos
      cout << "Dato 1: "; datoDouble(dato1);
      cout << "Dato 2: "; datoDouble(dato2);
      // Realizar la operación
      switch (operacion)
      {
        case 1:
          resultado = dato1 + dato2;
          break;
        case 2:
          resultado = dato1 - dato2;
          break;
        case 3:
          resultado = dato1 * dato2;
          break;
```

```
        case 4:
          if (dato2 == 0)
            cout << "el divisor no puede ser 0\n";
          else
            resultado = dato1 / dato2;
          break;
      }

      // Escribir el resultado
      cout << "Resultado = " << resultado << endl;
      system("pause"); // hacer una pausa
    }
    else
      break;
  }
  return 0;
}

int menu()
{
  int op;

  do
  {
    system("cls"); // limpiar la consola
    cout << "\t1. sumar\n";
    cout << "\t2. restar\n";
    cout << "\t3. multiplicar\n";
    cout << "\t4. dividir\n";
    cout << "\t5. salir\n";
    cout << "\nSeleccione la operación deseada: ";
    datoInt(op);
  }
  while (op < 1 || op > 5);
  return op;
}
```

Capítulo 6

MATRICES Y ESTRUCTURAS

Piense por un momento: ¿cómo un programa podría almacenar en una variable en memoria las temperaturas medias de cada uno de los 365 días del año? La respuesta es en una variable de tipo matriz. Y ¿cómo un programa podría almacenar los datos más relevantes relativos a una persona? La respuesta es en una variable de un tipo definido por una estructura o por una clase. En este capítulo vamos a estudiar las matrices y las estructuras.

6.1 MATRICES

Una matriz es un conjunto de elementos contiguos, todos del mismo tipo, que comparten un nombre común, a los que se puede acceder por la posición (índice) que ocupa cada uno de ellos dentro de la matriz.

C++ permite definir matrices de una o más dimensiones y de cualquier tipo de datos.

6.1.1 Declarar una matriz

La declaración de una matriz de una dimensión se hace de la forma siguiente:

tipo nombre[tamaño];

donde *tipo* indica el tipo de los elementos de la matriz, el cual puede ser cualquier tipo primitivo o definido por el usuario; *nombre* es un identificador que nombra a la matriz y *tamaño* es una constante entera que especifica el número de elementos de la matriz. Los corchetes modifican la definición normal del identificador para que sea interpretado por el compilador como una matriz.

Veamos algunos ejemplos:

```
int m[10];
float temperatura[31];
COrdenador ordenador[25];
char nombre[40];
```

La primera línea crea una matriz identificada por *m* con 10 elementos de tipo **int**; es decir, puede almacenar 10 valores enteros; el primer elemento es *m[0]* (se lee: *m sub-cero*), el segundo *m[1]*, ..., y el último *m[9]*. La segunda crea una matriz *temperatura* de 31 elementos de tipo **float**. La tercera crea una matriz *ordenador* de 25 elementos, cada uno de los cuales es un objeto de tipo *COrdenador*. Y la cuarta crea una matriz *nombre* de 31 elementos de tipo **char**.

6.1.2 Iniciar una matriz

Cuando durante la ejecución de un programa ocurre la definición de una matriz, sus elementos son automáticamente iniciados sólo si la definición se ha realizado a nivel global (fuera de todo bloque); en este caso, si la matriz es numérica, sus elementos son iniciados a 0 y si es de caracteres, al valor '\0'. Cuando la matriz sea local sus elementos no serán iniciados automáticamente; en este caso, ¿qué valores almacenarán? Valores indeterminados; dicho de otra forma, almacenarán basura. Si la matriz es local pero se declara **static**, entonces se inicia igual que si fuera global.

Si deseamos iniciar una matriz con otros valores diferentes a los predeterminados, podremos hacerlo de la siguiente forma:

```
float temperatura[] = {10.2F, 12.3F, 3.4F,
                       14.5F, 15.6F, 16.7F};
string dias_semana[] = {"lunes", "martes", "miércoles",
                        "jueves", "viernes", "sábado", "domingo"};
```

```
char nombre[] = "Javier";
```

Los ejemplos anteriores crean una matriz *temperatura* de tipo **float** con tantos elementos como valores se hayan especificado entre llaves, una matriz *dias_semana* con siete elementos de tipo **string** y una matriz *nombre* de tipo **char** con siete caracteres: Javier más un carácter '\0' (carácter ASCII 0) de terminación que introduce C++.

6.1.3 Acceder a los elementos de una matriz

Para acceder al valor de un elemento de una matriz unidimensional se utiliza el nombre de la matriz seguido de un subíndice entre paréntesis, esto es, un elemento de una matriz no es más que una variable subindicada; por lo tanto, se puede utilizar exactamente igual que cualquier otra variable. Por ejemplo, en las operaciones que se muestran a continuación intervienen elementos de una matriz *m*:

```
int m [100];       // matriz m con 100 elementos de
                   // índices 0 a 99
int k = 0;
int a = 0;
// ...
a = m[1] + m[99]; // m sub-uno más m sub-noventa y nueve
k = 50;
m[k]++;
m[k + 1] = m[k];
```

6.1.4 Ejemplo 1

Escribir un programa que lea la nota media obtenida por cada alumno de un determinado curso, las almacene en una matriz y dé como resultado:

1. Un listado de notas.
2. La nota media del curso.
3. El tanto por ciento de aprobados.
4. El tanto por ciento de suspendidos.

Para realizar este programa, en primer lugar crearemos una matriz *nota* con un número determinado de elementos. Recuerde que la dimensión tiene que ser una constante entera, pero podemos especificar un valor máximo para ésta y después pedir el número de alumnos para introducirlo a través del teclado, que, lógicamente, será menor o igual que la dimensión de la matriz. No se permitirá un número de alumnos que sea cero o negativo. En este caso interesa que la matriz sea de tipo real, por ejemplo **double**, para que sus elementos puedan almacenar un valor con decimales. Después introduciremos los valores de las notas y los almacenaremos en la matriz. A continuación recorreremos secuencialmente todos los elementos utilizados de la matriz para visualizar las notas, sumarlas, contar los aprobados y contar los suspendidos. Todo esto nos exigirá definir un índice *i* para acceder a los elementos de la matriz, una variable *suma* para almacenar la suma total de todas las notas, un contador *aprobados* para almacenar el número de aprobados y un contador *suspendidos* para almacenar el número de suspendidos. Los valores que no sean enteros se visualizarán con dos decimales.

```cpp
#include <iostream>
#include <iomanip>
using namespace std;

int main()
{
  const int nElementos = 100;
  // Crear la matriz nota
  double nota[nElementos];
  int i = 0; // subíndice
  int nAlumnos = 0;
  do
  {
    cout << "Número de alumnos: ";
    cin >> nAlumnos;
  }
  while (nAlumnos < 1 || nAlumnos > nElementos);

  cout << "Introducir los valores de la matriz.\n";
  for (i = 0; i < nAlumnos; i++)
  {
    cout << "nota[" << i << "] = ";
    cin >> nota[i];
  }
  cout << endl;
  // Visualizar los elementos de la matriz, la nota
  // media y el % de aprobados y de suspendidos
  int aprobados = 0;
  int suspendidos = 0;
  double suma = 0;
```

```
// Establecer coma fija y dos decimales
cout << fixed << setprecision(2);
for (i = 0; i < nAlumnos; i++)
{
  // Visualizar nota
  cout << "Alumno " << i+1 << ", nota: "
       << nota[i] << endl;
  // Acumular la nota en suma
  suma += nota[i]; // equivale a: suma=suma+nota[i]
  // Incrementar el contador de aprobados o de
  // suspendidos
  if (nota[i] >= 5)
    aprobados++;
  else
    suspendidos++;
}
cout << "Nota media: " << suma/nAlumnos << endl;
cout << "Aprobados "
     << aprobados*100/(double)nAlumnos << endl;
cout << "Suspendidos "
     << suspendidos*100/(double)nAlumnos << endl;
return 0;
}
```

6.1.5 Matrices multidimensionales

La definición de una matriz de varias dimensiones se hace de la forma siguiente:

```
tipo nombre_matriz[expr-1][expr-2]...;
```

donde *tipo* es un tipo primitivo o derivado. El número de elementos de una matriz multidimensional es el producto de *expr-1* × *expr-2* ×... Por ejemplo, la línea de código siguiente crea una matriz de dos dimensiones con 2 × 3 = 6 elementos de tipo **int**; por lo tanto, se trata de una tabla de dos filas y tres columnas:

```
int m[2][3];
```

El primer elemento de la matriz *m* es *m[0][0]*, elemento que está en la fila 0 y columna 0, y el último es *m[1][2]*, elemento que está en la fila 1 y columna 2. Gráficamente puede imaginarse la matriz así:

matriz m

	col 0	col 1	col 2
fila 0	m_{00}	m_{01}	m_{02}
fila 1	m_{10}	m_{11}	m_{12}

6.1.6 Ejemplo 2

Escribir un programa que lea un conjunto de valores obtenidos de forma aleatoria, los almacene en una matriz de dos dimensiones y dé como resultado:

1.   Un listado de todos los valores presentados en filas y columnas.
2.   El valor máximo.

Para realizar este programa, en primer lugar crearemos una matriz de tipo **double** con un número determinado de filas y columnas. Después almacenaremos los valores en la matriz. A continuación recorreremos secuencialmente todos los elementos de la matriz por filas para visualizarlos y para obtener el valor máximo. Todo esto nos exigirá definir dos índices: *fila* y *col* para acceder a los elementos de la matriz y una variable *max* para almacenar el valor máximo. Los valores se visualizarán en un ancho de siete posiciones de las cuales dos serán decimales (*dd,dd*).

```cpp
#include <iostream>
#include <iomanip>
using namespace std;

int main()
{
   const int filas = 5;
   const int columnas = 10;

   double matriz2d[filas][columnas];
   int fila = 0;
   int col = 0;

   // Introducir los valores. Los calculamos
   // de forma aleatoria.
   for (fila = 0; fila < filas; fila++)
   {
```

```
      for (col = 0; col < columnas; col++)
      {
        matriz2d[fila][col] = rand()%20/2.0;
      }
  }
  // Mostrar los valores de la matriz y
  // su valor máximo
  double max = 0;
  max = matriz2d[0][0]; // valor máximo inicial
  for (fila = 0; fila < filas; fila++)
  {
      for (col = 0; col < columnas; col++)
      {
        // Mostrar el valor de la posición: fila, col
        cout << fixed << setw(7) << setprecision(2)
             << matriz2d[fila][col];
        // Calcular el valor máximo
        if (matriz2d[fila][col] > max)
        {
          max = matriz2d[fila][col];
        }
      }
      cout << endl;
  }
  // Mostrar el valor máximo
  cout << "Valor máximo: " << max << endl;

  return 0;
}
```

Para calcular el valor máximo *max*, suponemos inicialmente que el primer valor de la matriz es el máximo (como si todos los valores fueran iguales). Después lo comparamos con el siguiente de la tabla y nos quedamos, en la variable *max*, con el mayor de los dos y así sucesivamente.

6.1.7 Argumentos que son matrices

A una función se le puede pasar como argumento una matriz. Las matrices son siempre pasadas por referencia (porque el nombre de una matriz representa la dirección de comienzo de la misma). Por ejemplo:

```
#include <iostream>
using namespace std;

void mult2(int matrizX[], int n)
{
  for (int i = 0; i < n; i++)
    matrizX[i] *= 2;
}

int main()
{
  int a[] = {10, 20, 30, 40};
  int nElementos = sizeof(a)/sizeof(int);
  mult2(a, nElementos);
  for (int i = 0; i < nElementos; i++)
    cout << a[i] << " ";
  cout << endl;

  return 0;
}
```

En el ejemplo anterior, la función **main** invoca a la función *mult2* pasándole como argumento una matriz de enteros *a*. Dicha matriz (en referencia a sus elementos) es pasada por referencia.

Obsérvese en la lista de parámetros que el tipo de una matriz es *tipo[]*. Podíamos haber especificado la dimensión, pero no tiene sentido porque lo que se pasa no es el contenido de la matriz sino la posición en memoria de dicha matriz (por eso decimos que la matriz es pasada por referencia). El segundo parámetro de *mult2* es el número de elementos de la matriz.

El operador **sizeof** devuelve el tamaño en bytes de su operando. En el ejemplo, el tamaño de la matriz *a* en bytes dividido por el tamaño de un entero en bytes da como resultado el número de elementos de la matriz.

6.1.8 Ejemplo 3

Realizar un programa que permita almacenar en una matriz las temperaturas medias de cada uno de los días del año que se han dado en un determinado lugar geográfico. Para que el acceso a dichas temperaturas sea sencillo, utilizaremos una matriz de dos dimensiones: la primera se referirá a los meses y la segunda a los días del mes. Una vez almacenadas, el programa permitirá mostrar las temperaturas correspondientes a un determinado mes, así como la temperatura mínima y máxima en dicho mes.

La solución pasa por realizar los siguientes puntos:

- Definir la matriz temperaturas de dos dimensiones (meses y días por mes: máximo 31):

```
double temperatura[13][32];
```

- Especificar los días de cada mes en otra matriz *dias_mes*:

```
int dias_mes[] = {0, 31, 28, 31, 30, 31, 30, 31, 31,
                  30, 31, 30, 31};
```

- Introducir las temperaturas. Obsérvese que hay elementos de la matriz que no se utilizan porque todos los meses no tienen 31 días y porque, por facilidad de acceso a la temperatura de un día, los elementos de índice 0 no se utilizan.

- Solicitar el mes para el cual se desean mostrar las temperaturas.

- Mostrar las temperaturas del mes especificado.

- Calcular la temperatura mínima y máxima por medio de una función *MinMax*:

```
void MinMax(int dias, double tmes[],
  double& min, double& max);
```

Parámetros: días del mes solicitado (*dias*), temperaturas de ese mes (*tmes*) y *min* y *max* (estos dos parámetros son referencias) para devolver los valores correspondientes a las temperaturas mínima y máxima solicitadas.

- Mostrar la temperatura mínima y máxima.

Este programa puede escribirse así:

```
#include <iostream>
#include <iomanip>
using namespace std;

void MinMax(int dias, double tmes[],
            double& min, double& max)
{
```

```cpp
  min = tmes[1]; // temperatura mínima
  max = tmes[1]; // temperatura máxima
  for (int d = 1; d <= dias; d++)
  {
    // Calcular las temperaturas mínima y máxima
    if (tmes[d] < min) min = tmes[d];
    if (tmes[d] > max) max = tmes[d];
  }
}
```

```cpp
int main()
{
  int dias_mes[] = {0, 31, 28, 31, 30, 31, 30, 31,
                       31, 30, 31, 30, 31};
  double temperatura[13][32];
  int m = 0, d = 0;

  // Introducir las temperaturas. Las calculamos
  // de forma aleatoria.
  for (m = 1; m <= 12; m++)
  {
    for (d = 1; d <= dias_mes[m]; d++)
    {
      temperatura[m][d] = rand()%80/2.0;
    }
  }
  // Para un determinado mes, mostrar las
  // temperaturas, su mínima y su máxima
  do
  {
    cout << "Temperaturas del mes: ";
    cin >> m;
  }
  while (m < 1 | m > 12);

  // Mostrar las temperaturas del mes m
  for (d = 1; d <= dias_mes[m]; d++)
  {
    cout << "Día " << setw(2) << d << ": "
         << fixed << setw(5) << setprecision(2)
         << temperatura[m][d] << " grados\n";
  }
```

```
    // Calcular la temperatura mínima y máxima del mes m
    double tmin = 0, tmax = 0;
    MinMax(dias_mes[m], temperatura[m], tmin, tmax);
    // Mostrar temperaturas mínima y máxima
    cout << "T. Min: " << fixed << setw(5)
         << setprecision(2) << tmin << endl;
    cout << "T. Máx: " << fixed << setw(5)
         << setprecision(2) << tmax << endl;

    return 0;
}
```

Observemos la llamada a la función *MinMax*:

```
MinMax(dias_mes[m], temperatura[m], tmin, tmax);
```

El primer argumento, *dias_mes[m]*, es un entero que se pasa por valor al parámetro *dias* de la función; el segundo, *temperatura[m]*, es la fila *m* de la matriz de dos dimensiones *temperatura*, por lo tanto se trata de una matriz de una dimensión que se pasa por referencia, por ser una matriz, al parámetro *tmes* de la función; y el tercero y el cuarto, *tmin* y *tmax*, son dos valores de tipo **double** que se pasan por referencia a los parámetros *min* y *max* de la función; esto es, los parámetros *min* y *max* de la función se han definido como referencias a *tmin* y *tmax*, respectivamente, lo que significa que las operaciones que se hagan con *min* en la función se están haciendo realmente sobre *tmin* y las operaciones que se hagan con *max* en la función se están haciendo realmente sobre *tmax*.

6.2 EL TIPO VECTOR

La biblioteca estándar de C++ proporciona una plantilla **vector** definida en el espacio de nombres **std** y declarada en el fichero de cabecera *<vector>* que facilita la creación y manipulación de matrices. Por ejemplo, para definir una matriz de una dimensión, la sintaxis a utilizar es la siguiente:

```
vector<tipo> nombre[([tamaño, [val]])];
```

donde *tipo* indica el tipo de los elementos de la matriz, el cual puede ser cualquier tipo primitivo, predefinido o definido por el usuario (por ejemplo otro **vector** para simular una matriz de dos dimensiones); *nombre* es un identificador que nombra a la matriz (objeto matriz); *tamaño* es una variable entera que especifica el número de elementos de la matriz, por omisión es cero, y *val* es un parámetro opcional, del mismo tipo que los elementos, cuyo valor será utilizado para iniciar los elementos de la matriz. Por ejemplo, la siguiente línea define una matriz *m* con cero elementos:

```
vector<int> m;
```

La ventaja de trabajar con matrices construidas a partir de la plantilla **vector** es que son matrices dinámicas; esto es, tenemos la posibilidad de añadir, modificar o eliminar elementos a la matriz durante la ejecución.

Esta forma de declarar una matriz no resulta más complicada y favorece en el sentido de que el número de elementos no necesita ser constante. Por ejemplo:

```
#include <iostream>
#include <vector>
using namespace std;

int main()
{
  int nElementos = 0;
  cout << "Número de elementos de la matriz: ";
  cin >> nElementos;
  vector<double> m(nElementos);
  for (int i = 0; i < m.size(); i++)
  {
    cout << m[i] << " ";
  }
  cout << endl;
  return 0;
}
```

En este caso, como los elementos de la matriz son de un tipo primitivo, son automáticamente iniciados a cero, cosa que no ocurría antes.

También un vector puede ser copiado en una única operación en otro vector, operación que no puede realizarse con las matrices primitivas. Por ejemplo:

```
vector<double> v; // vector v con ceros elementos.
v = m;            // copiar el vector m en v.
                  // v es redimensionado al tamaño de m.
```

Este otro ejemplo define un vector *m2* de vectores de elementos de tipo **double**. Obsérvese que cada elemento de *m2* (*m2[0]*, *m2[1]...*) ha sido iniciado con un vector *vector<double>(nCols)*. Por lo tanto, si *m2[0]* es un vector sus elementos son: *m2[0][0]*, *m2[0][1]...*. ¿Qué hemos conseguido? Pues, simular una matriz de dos dimensiones.

```
int nFilas = 3, nCols = 2;
double i = 0.0;
vector<vector<double> > m2(nFilas, vector<double>(nCols));
for (int f = 0; f < m2.size(); f++)
{
  for (int c = 0; c < m2[f].size(); c++)
  {
    m2[f][c] = i++;
  }
}
```

Como se deduce de lo expuesto hasta ahora, la plantilla **vector** proporciona métodos para acceder a los elementos del vector, insertar nuevos elementos, eliminar elementos, obtener el número de elementos, asignar un nuevo tamaño, etc. A continuación veremos algunos de los métodos más comunes. Evidentemente esto marca una clara diferencia frente a las matrices primitivas de C++, por lo que es aconsejable su utilización.

6.2.1 Acceso a los elementos

Para acceder a un elemento podemos utilizar el operador []. En el siguiente ejemplo podemos observar cómo asignar un valor *x* al elemento de índice *i* de la matriz *m* o cómo acceder al valor de este elemento para almacenarlo en *y*:

```
vector<double> m(20); // vector m con 20 elementos
// ...
m[i] = x;
y = m[i];
```

6.2.2 Tamaño

Para conocer el tamaño de un vector hay que invocar a su método **size** y para modificar su tamaño, al método **resize**; en este último caso, los elementos conservados desde el primero hasta el nuevo tamaño permanecen inalterados.

```
int nElementos = m.size(); // tamaño
m.resize(nElementos - 2);  // nuevo tamaño
```

6.2.3 Eliminar elementos

El método **erase** permite eliminar los elementos que hay entre las dos posiciones especificadas. Por ejemplo, para eliminar de la matriz *m* desde el elemento *3* hasta el elemento *5* procederíamos así:

```
// Eliminar m[3] y m[4].
// m.begin() hace referencia al primer elemento
m.erase(m.begin()+3, m.begin()+5);
```

Para eliminar todos los elementos utilizar el método **clear**.

```
m.clear(); // eliminar todos
```

6.2.4 Insertar elementos

El método **push_back** permite añadir un elemento al final y el método **insert** permite insertar uno o más elementos en cualquier posición.

```
k = 17;
// Añadir un elemento al final con valor k
m.push_back(k);
// Insertar 2 elementos con valor -1. El primero en la
// posición 3 (m[3] y m[4])
m.insert(m.begin()+3, 2, -1);
```

6.2.5 Ejemplo 4

Recuerda el ejemplo 1 correspondiente a un programa que leía la nota media obtenida por cada alumno de un determinado curso, las almacenaba en una matriz y daba como resultado:

1.   Un listado de notas.
2.   La nota media del curso.

3. El tanto por ciento de aprobados.
4. El tanto por ciento de suspendidos.

Pues vamos a realizar este mismo ejercicio pero utilizando ahora la plantilla **vector**. Partiremos de un vector *nota* con cero elementos e iremos añadiendo notas utilizando el método **push_back**.

```cpp
#include <iostream>
#include <vector>
#include <iomanip>

using namespace std;

int main()
{
  // Crear la matriz nota con cero elementos
  vector<double> nota;
  int i = 0; // subíndice
  double notaAlumno = 0.0;

  cout << "Introducir los valores de la matriz.\n";
  cout << "Para finalizar introduzca -1.\n";
  // Añadir notas
  while (true)
  {
    cout << "nota[" << i++ << "] = ";
    cin >> notaAlumno;
    if (notaAlumno == -1) break;
    nota.push_back(notaAlumno);
  }
  cout << endl;

  // Visualizar los elementos de la matriz, la nota
  // media y el % de aprobados y de suspendidos
  int aprobados = 0;
  int suspendidos = 0;
  double suma = 0;
  int nAlumnos = nota.size();
  // Establecer coma fija y dos decimales
  cout << fixed << setprecision(2);
  for (i = 0; i < nAlumnos; i++)
  {
```

```
// Visualizar nota
cout << "Alumno " << i+1 << ", nota: "
     << nota[i] << endl;

// Acumular la nota en suma
suma += nota[i]; // equivale a: suma=suma+nota[i]

// Incrementar el contador de aprobados o de
// suspendidos
if (nota[i] >= 5)
  aprobados++;
else
  suspendidos++;
}
cout << "Nota media: " << suma/nAlumnos << endl;
cout << "Aprobados "
     << aprobados*100/(double)nAlumnos << endl;
cout << "Suspendidos "
     << suspendidos*100/(double)nAlumnos << endl;

return 0;
}
```

6.3 EL TIPO STRING

Una variable u objeto de tipo **string**, tipo definido en el espacio de nombres **std** y declarado en el fichero de cabecera *<string>*, facilita el almacenamiento y la manipulación de cadenas de caracteres a través de los métodos proporcionados por dicha clase. A continuación veremos algunos de los métodos más comunes.

6.3.1 Acceso a un carácter

Un carácter de un objeto **string** puede ser accedido utilizando el operador de indexación ([]). En el siguiente ejemplo podemos observar cómo acceder al carácter de índice 2 para almacenarlo en *car*:

```
string str = "abcdefgh";
char car = str[2]; // car = 'c'
```

6.3.2 Asignación

A un objeto **string** se le puede asignar otro objeto **string**, una matriz de caracteres e incluso un carácter. Esto puede hacerse utilizando el operador de asignación. Por ejemplo:

```
string str1 = "abcdefgh";
string str2, str3, str4;
str2 = str1;
str3 = "xyz";
str4 = 'c';
```

6.3.3 Comparaciones

Dos objetos **string** pueden ser comparados utilizando los operadores de relación ==, >, <, >=, <= y !=. Se hace diferencia entre las letras mayúsculas y minúsculas.

En otras palabras, utilizando estos operadores es posible saber si una cadena está en orden alfabético antes (es menor) o después (es mayor) que otra. El siguiente ejemplo compara dos cadenas y escribe "Abcdefg" porque esta cadena está antes por orden alfabético.

```
string str1 = "abcde", str2 = "Abcdefg";
if (str1 < str2) // si str1 es menor que str2,
   cout << str1 << endl;
else
   cout << str2 << endl;
```

6.3.4 Concatenación

El operador **+** permiten concatenar (unir) dos objetos **string**. Por ejemplo:

```
string str1 = "abcd";
string str2 = "lmn";
string str3 = str1 + str2; // str3 = "abcdlmn"
```

6.3.5 Búsqueda

Dentro de las operaciones de búsqueda podemos elegir entre buscar una subcadena o encontrar un carácter; ambas operaciones pueden realizarse desde el principio hasta el final, o viceversa, utilizando un método **find**. A continuación se muestran algunos ejemplos:

```
int pos;
string str1 = "abcdefgh";
pos = str1.find("efg");                // pos = 4
pos = str1.rfind("efg");               // pos = 4
pos = str1.find_first_of("gfe");       // pos = 4
pos = str1.find_last_of("gfe");        // pos = 6
pos = str1.find_first_not_of("efg");   // pos = 0
pos = str1.find_last_not_of("efg");    // pos = 7
```

Este ejemplo muestra cómo buscar una cadena, o cómo buscar un carácter que esté o no en un conjunto de caracteres, empezando por el principio o por el final. Si uno de estos métodos no encuentra nada, devuelve el valor **string::npos**.

6.3.6 Subcadenas

El método **substr** permite obtener una subcadena de una cadena. Por ejemplo:

```
string str1 = "abc defgh ijk";
string str2 = str1.substr(5, 4); // str2 = "efgh"
```

El primer parámetro de **substr** indica la posición del primer carácter a obtener y el segundo, cuántos caracteres se van a obtener.

6.3.7 Tamaño

Para conocer el tamaño de una cadena se puede invocar a los métodos **size** o **length** y para modificar su tamaño, al método **resize**; en este último caso, los elementos conservados desde el primero hasta el nuevo tamaño permanecen inalterados.

```
int ncars;
string str1 = "abc defgh ijk";
```

```
ncars = str1.length();          // ncars = 13
str1.resize(str1.length() * 2); // str1 = "abc defgh ijk"
ncars = str1.length();          // ncars = 26
```

Para saber si una cadena está vacía, utilizar el método **empty**. Este método devuelve **true** si la cadena está vacía y **false** en caso contrario.

```
if (str1.empty()) ...
```

6.3.8 Operaciones de E/S

Los operadores de entrada y salida para string se encuentran en *<string>* en lugar de en *<iostream>*. Con una sentencia como *cin >> str* podemos leer una palabra terminada por un espacio en blanco (o por un retorno de carro). Ahora bien, si lo que queremos es leer una cadena formada por varias palabras separadas por espacios en blanco, entonces tenemos que utilizar la función **getline**. Por ejemplo:

```
string str;
cout << "Texto: ";
getline(cin, str);    // entrada: aaa bbb
cout << str << endl; // salida:  aaa bbb
cout << "Texto: ";
cin >> str;           // entrada: aaa bbb
cout << str << endl; // salida:  aaa
```

Si la función **getline** intenta leer del flujo **cin** y se encuentra con que no hay más datos (esta situación se genera pulsando las teclas *Ctrl+z*), el método **eof** de **cin** devolverá **true**.

6.3.9 Matrices de cadenas de caracteres

Para ilustrar la forma de trabajar con matrices de cadenas de caracteres, vamos a escribir un programa que lea una lista de nombres y la almacene en una matriz de objetos **string**. Una vez construida la matriz, preguntaremos al usuario si la quiere visualizar y procederemos en función de la respuesta. La solución pasa por realizar los siguientes puntos:

- Definimos la matriz de objetos **string**:

  ```
  vector<string> nombre;
  ```

Inicialmente la matriz *nombre* (objeto **vector**) tiene cero elementos.

- Leemos las cadenas de caracteres. Para poder leer una cadena, utilizaremos el método **getline**. Recuerde también que si el método **getline**
  intenta leer del teclado y se encuentra con que no hay caracteres para
  leer (ocurre cuando ante una petición de introducir datos se pulsan las
  teclas *Ctrl+z*), el método **eof** de **cin** devolverá **true**.

```
while (true)
{
  cout << "Nombre[" << i++ << "]: ";
  // Leer una cadena de la entrada estándar
  getline(cin, snombre);
  // Si se pulsó [Ctrl][z], salir del bucle
  if (cin.eof())
  {
    cin.clear();
    break;
  }
  // Añadir la cadena leída a la matriz
  nombre.push_back(snombre);
}
```

Para entender el código anterior, piense en una matriz unidimensional
cuyos elementos *nombre[0]*, *nombre[1]*, etc. son objetos **string**. Parti-
mos de una matriz vacía, vamos añadiendo objetos **string** a *nombre* invocando a su método **push_back** y pasando como argumento cada
uno de los **string** a añadir.

- Una vez leídos todos los nombres deseados, los visualizamos si la
  respuesta a la petición de realizar este proceso es afirmativa.

El programa completo se muestra a continuación.

```
#include <iostream>
#include <vector>
using namespace std;

int main()
{
  // nCadenas: número de elementos de la matriz nombre
  // i: índice 0, 1, 2... del elemento accedido
```

```cpp
int nCadenas = 0, i = 0;
// Matriz "nombre" de cadenas de caracteres
vector<string> nombre;
string snombre; // un nombre

cout << "Escriba los nombres que desea introducir.\n";
cout << "Puede finalizar pulsando las teclas [Ctrl][z].\n";
while (true)
{
  cout << "Nombre[" << i++ << "]: ";
  // Leer una cadena de la entrada estándar
  getline(cin, snombre);
  // Si se pulsó [Ctrl][z], salir del bucle
  if (cin.eof())
  {
    cin.clear();
    break;
  }
  // Añadir la cadena leída a la matriz
  nombre.push_back(snombre);
}
cout << endl;
nCadenas = nombre.size(); // número de cadenas leídas

// Permitir mostrar las cadenas de caracteres
char respuesta = '\0';
do
{
  cout << "¿Desea mostrar la lista? s/n (sí o no) ";
  cin >> respuesta;
  cin.ignore(256, '\n'); // limpiar el búfer de entrada
}
while (respuesta != 's' & respuesta != 'n');
if (respuesta == 's')
{
  // Visualizar la matriz de cadenas
  cout << endl;
  for (i = 0; i < nCadenas; i++)
  {
    cout << nombre[i] << endl;
  }
}
```

```
   return 0;
}
```

6.4 ESTRUCTURAS

Una estructura es un nuevo tipo de datos definido por el usuario que puede ser manipulado de la misma forma que los tipos predefinidos. Representa un conjunto de datos de diferentes tipos evidentemente relacionados.

Para declarar un tipo estructura de datos hay que utilizar la palabra reservada **struct**. Dicha estructura puede ser declarada fuera de todo bloque para que esté accesible para todo el código que hay a partir de su declaración, es lo más normal, o local a un bloque, por ejemplo local a una función. A continuación se muestra un ejemplo de cómo se declara una estructura:

```
struct t_ficha
{
   string nombre;
   string direccion;
   long telefono;
   long DNI;
};
```

Este ejemplo declara un tipo de datos denominado *t_ficha* que consta de cuatro miembros denominados *nombre*, *direccion*, *telefono* y *DNI*. No olvide poner el punto y coma al final del bloque.

Una vez declarado un tipo de datos, podemos definir variables de ese tipo, por ejemplo, así:

```
t_ficha alum;
```

Este ejemplo define la variable *alum* de tipo *t_ficha*. Esta variable está formada por los miembros *nombre*, *direccion*, *telefono* y *DNI*.

Para referirse a un determinado miembro de una estructura se utiliza la notación *variable.miembro*. Por ejemplo:

```
alum.DNI = 111333444;
```

A su vez, un miembro de una estructura puede ser otra estructura. Por ejemplo, observe a continuación el miembro *fechaNacimiento*:

```cpp
#include <iostream>
using namespace std;

struct t_fecha
{
   short dia;
   short mes;
   short anyo;
};

struct t_ficha
{
   string nombre;
   string direccion;
   long telefono;
   long DNI;
   t_fecha fechaNacimiento;
};

int main()
{
   t_ficha alum1; // estructura alum1
   alum1.nombre = "Un nombre";
   // ...
   alum1.fechaNacimiento.dia = 15;
   // ...
   t_ficha alum2 = alum1;
   //...
   return 0;
}
```

Puesto que el miembro *fechaNacimiento* es a su vez una estructura, para acceder a uno de sus miembros, por ejemplo a *día*, para una estructura *alum1* de tipo *t_ficha* escribiríamos según muestra el ejemplo anterior:

```cpp
alum1.fechaNacimiento.dia = 15;
```

También, una estructura puede asignarse a otra estructura para copiarla. Por ejemplo:

```
alum2 = alum1;
```

Una estructura puede también contener miembros que sean matrices (una matriz convencional o un objeto **vector**):

```
struct t_ficha
{
  string nombre;
  string direccion;
  long telefono;
  long DNI;
  t_fecha fechaNacimiento;
  string asignatura[10]; // referencia a una matriz
};
```

Para acceder a un elemento de un miembro que sea una matriz, por ejemplo al elemento de índice 0 del miembro *asignatura*, escribiríamos:

```
t_ficha alum1;
alum1.asignatura[0] = "Informática I";
```

También es posible declarar una matriz de estructuras. Por ejemplo:

```
t_ficha alum[100];
```

o bien

```
vector<t_ficha> alum(100);
```

Este ejemplo define una matriz de 100 elementos, *alum[0]* a *alum[99]*, cada uno de los cuales es una estructura de tipo *t_ficha*. Para acceder a un miembro del elemento *i* de la matriz, por ejemplo a *nombre*, escribiríamos:

```
alum[i].nombre = "Fco. Javier";
```

6.4.1 Ejemplo 5

Realizar un programa que permita almacenar en una matriz una agenda de teléfonos. Cada elemento de la matriz será una estructura con dos miembros: *nombre* y *teléfono*. Una vez construida la agenda, el programa permitirá buscar un teléfono por el nombre o por alguna parte de éste.

La solución pasa por realizar los siguientes puntos:

- Definir la estructura *persona*:

```
struct tpersona
{
   string nombre;
   int telefono;
};
```

- Definir la matriz *agenda*; será una matriz unidimensional:

```
vector<tpersona> agenda; // matriz con cero elementos
```

- Introducir los datos de la agenda. La introducción de los datos finalizará
  cuando se complete la matriz o cuando a la solicitud de un nombre se
  responda pulsando las teclas *Ctrl+z*.

- Solicitar el nombre total o parcial de la persona cuyo teléfono queremos
  buscar. Por ejemplo, si la persona es "María Elena Sandoval" podríamos buscar por el nombre completo, por "Elena", por "Sando", etc. Para
  ello utilizaremos el método **find(***cadena***)** de **string**.

- Mostrar los datos nombre y teléfono si están en la agenda o un mensaje
  si no están, indicándolo.

A continuación mostramos el programa completo.

```
#include <iostream>
#include <vector>
#include <string>
using namespace std;

struct tpersona
{
   string nombre;
   int telefono;
};

int main()
{
   vector<tpersona> agenda; // matriz con cero elementos
   tpersona persona;        // una persona

   cout << "Introducir datos: nombre y teléfono.\n";
```

```cpp
  cout << "Para finalizar nombre = teclas [Ctrl][z].\n";
  while (true)
  {
    cout << "Nombre: ";
    getline(cin, persona.nombre);
    // Si se pulsó [Ctrl][z], salir del bucle
    if (cin.eof())
    {
      cin.clear();
      break;
    }
    cout << "Teléfono: ";
    cin >> persona.telefono;
    cin.ignore(256, '\n'); // limpiar búfer de entrada
    // Añadir una persona a la agenda
    agenda.push_back(persona);
  }
  int elementos_en_la_agenda = agenda.size();

  string cadena_a_buscar;
  int i, r = string::npos;
  cout << ("Nombre total o parcial a buscar: ");
  getline(cin, cadena_a_buscar);
  // Buscar si "cadena_a_buscar" está en la agenda
  for (i = 0; i < elementos_en_la_agenda; i++)
  {
    r = agenda[i].nombre.find(cadena_a_buscar);
    if (r != string::npos) break;
  }
  if (r == string::npos)
    cout << "No se encuentra en la agenda\n";
  else
    cout << "El teléfono de " << agenda[i].nombre
         << " es " << agenda[i].telefono << endl;

  return 0;
}
```

Capítulo 7

FLUJOS

En el capítulo anterior hicimos un programa con la intención de construir una agenda, lo ejecutamos, almacenamos los datos nombre y teléfono de cada uno de los componentes de la agenda en una matriz, pero, nos dimos cuenta de que esos datos sólo estuvieron disponibles mientras el programa estuvo en ejecución. Esto es, cuando finalizábamos la ejecución del programa, los datos, lógicamente, se perdían. La solución para hacer que los datos persistan de una ejecución a otra es almacenarlos en un fichero en el disco en vez de en una matriz en memoria y esto es lo que vamos a estudiar en este capítulo. De esta forma, cada vez que se ejecute la aplicación que trabaja con esos datos, podrá leer del fichero los que necesite y manipularlos.

Pues bien, la comunicación entre el programa y el origen o el destino de la información que manipula el mismo se realiza mediante un *flujo* (en inglés *stream*). Esto es, un *flujo* es un objeto que hace de intermediario entre el programa y el origen o el destino de la información.

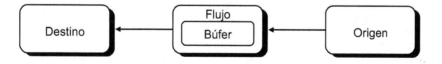

Esto es, el programa leerá o escribirá en el *flujo* sin importarle desde dónde viene la información o a dónde va y tampoco importa el tipo de los datos que se leen o escriben, detalles que se delegan en el *flujo*.

Según lo expuesto, se deduce que los algoritmos para leer y escribir datos son siempre más o menos los mismos:

Leer	Escribir
Abrir un flujo desde un origen	*Abrir un flujo hacia un destino*
Mientras haya información	*Mientras haya información*
Leer información	*Escribir información*
Cerrar el flujo	*Cerrar el flujo*

La biblioteca estándar de C++ define, en su espacio de nombres **std**, una colección de clases que soportan estos algoritmos para leer y escribir. Por ejemplo, la clase **fstream**, subclase de **iostream**, permite escribir o leer datos de un fichero; análogamente, las clases **ifstream** y **ofstream**, subclases de **istream** y **ostream**, respectivamente, permiten definir flujos de entrada y de salida vinculados con ficheros.

7.1 ESCRIBIR Y LEER EN UN FICHERO

Hasta ahora, en todos los programas que hemos escrito, los datos fueron leídos desde el teclado a través del flujo **cin** utilizando su operador >> y mostrados en la consola a través del flujo **cout** utilizando su operador <<.

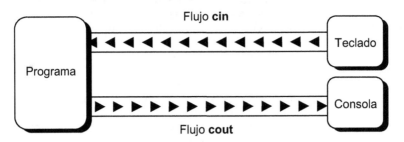

Análogamente, podemos utilizar el operador >> con un flujo de la clase **ifstream**, el operador << con un flujo de la clase **ofstream** (porque estas clases se derivan, respectivamente, de las clases **istream** y **ostream**) y ambos operadores con un flujo de la clase **fstream** (porque se derivada de **ifstream** y **ofstream**). Así mismo, para leer una cadena de caracteres y almacenarla en un objeto **string**, utilizaremos, como ya hemos venido haciendo, la función **getline**. Para utilizar la funcionalidad proporcionada por estas clases deberemos incluir el fichero de cabecera *fstream* en el código del programa.

```
#include <fstream>
```

A diferencia de los flujos **cin** y **cout** que son creados de forma automática cada vez que se inicia un programa, para leer de un fichero en disco o escribir en él hay que crear un flujo de la clase apropiada vinculado con dicho fichero.

7.1.1 Escribir datos en un fichero

Para escribir en un fichero en disco datos de cualquier tipo primitivo y cadenas de caracteres utilizaremos un flujo de la clase **ofstream**. Como ejemplo, el siguiente programa define varias variables de diferentes tipos, las inicia con unos valores determinados (podíamos haberlas leído desde la entrada estándar) y las escribe en el fichero denominado *datos.dat*. La solución de este ejemplo pasa por realizar los siguientes puntos:

- Crear un flujo asociado con el fichero del disco en el que deseamos escribir la información. Esta operación abre el flujo (abre el fichero para escribir):

```
string nombreFichero = "datos.dat";
ofstream ofs(nombreFichero.c_str());
// Verificar si ocurrió un error
if (!ofs.good())
{
    cout << "Error: no se puede abrir el fichero "
         << nombreFichero << " para escribir.\n";
    return 0;
}
```

El código anterior define e inicia un **string** para almacenar el nombre del fichero (que podíamos haber leído desde la entrada estándar), crea un flujo *ofs* hacia el fichero invocando al constructor de su clase (**ofstream**), pasando como argumento la cadena de caracteres tipo C que el método **c_str** extrae del **string** *nombreFichero*, y verifica si la operación de crear el flujo tuvo éxito, en cuyo caso el método **good** devolverá **true**. Si el fichero no existe se crea y si existe se destruye.

La sentencia:

```
ofstream ofs(nombreFichero.c_str());
```

es equivalente a estas otras dos:

```
ofstream ofs;
ofs.open(nombreFichero.c_str());
```

La función **open** abre el fichero especificado y lo conecta con el flujo.

- Escribir la información del fichero. Esto supone utilizar el operador <<
  del flujo *ofs* para escribir cada uno de los datos. Para, posteriormente,
  facilitar la lectura de los datos desde el fichero, cada dato va separado
  del siguiente por **endl**.

```
for (int i = 0; i < 2; i++)
{
  // Escribir un registro
  ofs << s1Dato << endl;
  ofs << cDato << endl;
  ofs << iDato << endl;
  ofs << dDato << endl;
  ofs << s2Dato << endl;
}
```

En este ejemplo se escriben los datos dos veces, para simular que se
escriben dos registros. Un fichero se compone de registros y un registro
de campos. En nuestro ejemplo, podemos decir que cada registro
(podría haber sido una estructura) se compone de cinco campos.

- Cerrar el flujo. Esto supone cerrar el fichero asociado con el flujo dando
  por finalizado el trabajo con el mismo.

```
ofs.close();
```

El programa completo se muestra a continuación:

```
#include <iostream>
#include <string>
#include <fstream>
using namespace std;

int main()
{
  char cDato = 'A';
  int iDato = 1234;
  double dDato = 3.141592;
```

```
string s1Dato = "una cadena";
string s2Dato = "otra cadena";

// Abrir un fichero para escribir
string nombreFichero = "datos.dat";
ofstream ofs(nombreFichero.c_str());
// Verificar si ocurrió un error
if (!ofs.good())
{
  cout << "Error: no se puede abrir el fichero "
       << nombreFichero << " para escribir.\n";
  return 0;
}

// Escribir los datos en el fichero
for (int i = 0; i < 2; i++)
{
  // Escribir un registro
  ofs << s1Dato << endl;
  ofs << cDato << endl;
  ofs << iDato << endl;
  ofs << dDato << endl;
  ofs << s2Dato << endl;
}
// Cerrar el fichero
ofs.close();

  return 0;
}
```

Una vez ejecutado el programa puede ver en la carpeta de la aplicación, Cap07\EscribirEnFichero, el fichero *datos.dat* creado. Si lo desea, puede abrirlo con un editor de textos y ver su contenido, puesto que se trata de un fichero de texto.

7.1.2 Leer datos en un fichero

Para leer de un fichero en disco datos de cualquier tipo primitivo y cadenas de caracteres utilizaremos un flujo de la clase **ifstream**. Como ejemplo, el siguiente programa define las variables de los tipos correspondientes a los datos almacenados por cada registro que deseamos leer del fichero, lee, utilizando el operador >>, cada uno de los registros almacenados en el fichero y muestra los datos leídos en la salida estándar. La solución de este ejemplo pasa por realizar los siguientes puntos:

- Crear un flujo asociado con el fichero del disco del que deseamos leer la información. Esta operación abre el flujo (abre el fichero para leer):

```
string nombreFichero = "datos.dat";
ifstream ifs(nombreFichero.c_str());
// Verificar si ocurrió un error
if (!ifs.good())
{
  cout << "Error: no se puede abrir el fichero "
       << nombreFichero << " para leer.\n";
  return 0;
}
```

El código anterior define un **string** para almacenar el nombre del fiche-ro, crea un flujo *ifs* desde el fichero invocando al constructor de su clase (**ifstream**), pasando como argumento la cadena de caracteres tipo C, y verifica si la operación de crear el flujo tuvo éxito, en cuyo caso el método **good** devolverá **true**. Si el fichero no existe se produce un error (el método **good** devuelve **false**).

- Leer la información del fichero. Esto supone utilizar el operador >> del flujo *ifs* para leer cada uno de los datos.

```
for (int i = 0; i < 2; i++)
{
  // Leer un registro
  getline(ifs, s1Dato);
  ifs >> cDato;
  ifs >> iDato;
  ifs >> dDato;
  ifs.ignore(); // eliminar el endl
  getline(ifs, s2Dato);
  // Mostrar los datos leídos
  cout << s1Dato << endl
       << cDato << endl
       << iDato << endl
       << dDato << endl
       << s2Dato << endl  << endl;
}
```

En este ejemplo se leen los dos registros que escribimos en el fichero *datos.dat* en el ejercicio anterior. Igual que sucedía con **cin**, el operador

>> del flujo *ifs* espera los datos separados por espacios en blanco o por **endl** ('\n'). Ahora bien, hay que tener presente que **getline** lee caracteres, del flujo que se especifica como primer argumento, hasta encontrar un **endl** (incluido este), razón por la que hemos eliminado el **endl** que había entre *dDato* y *s2Dato*; de no hacerlo, **getline** leería una cadena vacía (el **endl**) y no la cadena que sigue a *dDato*. Sobra decir que los datos hay que recuperarlos en el mismo orden en el que fueron escritos y utilizando variables del mismo tipo que el de los datos almacenados, de lo contrario los resultados serán impredecibles.

- Cerrar el flujo. Esto supone cerrar el fichero asociado con el flujo dando por finalizado el trabajo con el mismo.

```
ifs.close();
```

El programa completo se muestra a continuación:

```
#include <iostream>
#include <string>
#include <fstream>

using namespace std;

int main()
{
  char cDato;
  int iDato;
  double dDato;
  string s1Dato;
  string s2Dato;

  // Abrir un fichero para leer
  string nombreFichero = "datos.dat";
  ifstream ifs(nombreFichero.c_str());
  // Verificar si ocurrió un error
  if (!ifs.good())
  {
    cout << "Error: no se puede abrir el fichero "
         << nombreFichero << " para leer.\n";
    return 0;
  }

  // Leer los datos del fichero
```

```
for (int i = 0; i < 2; i++)
{
    // Leer un registro
    getline(ifs, s1Dato);
    ifs >> cDato;
    ifs >> iDato;
    ifs >> dDato;
    ifs.ignore(); // eliminar el endl
    getline(ifs, s2Dato);
    // Mostrar los datos leídos
    cout << s1Dato << endl
         << cDato << endl
         << iDato << endl
         << dDato << endl
         << s2Dato << endl  << endl;
}
// Cerrar el fichero
ifs.close();

return 0;
}
```

Antes de ejecutar este programa asegúrese de haber copiado el fichero *datos.dat* en la carpeta desde la que se ejecuta el programa. En nuestro caso se trata de la carpeta Cap07\LeerDeFichero.

7.1.3 Escribir y leer datos en un fichero

Para escribir y leer en un fichero en disco datos de cualquier tipo primitivo y cadenas de caracteres utilizaremos un flujo de la clase **fstream**. Por ejemplo, la siguiente sentencia abre el fichero especificado para leer y escribir; esto quiere decir que el fichero tiene que existir:

```
fstream fs(nombreFichero.c_str());
```

Para abrirlo para escribir y leer tendríamos que proceder así:

```
fstream fs(nombreFichero.c_str(),
           ios::in|ios::out|ios::trunc);
```

donde **in** significa leer, **out**, escribir y **trunc**, eliminar el fichero si ya existe.

En el CD que acompaña al libro tiene un ejemplo en la carpeta Cap07\EscribirLeer; es una combinación de los dos ejemplos anteriores.

7.2 ACCESO SECUENCIAL

Después de la teoría expuesta hasta ahora acerca del trabajo con ficheros, habrá observado que la metodología de trabajo se repite. Es decir, para escribir datos en un fichero:

- Definimos un flujo hacia el fichero en el que deseamos escribir datos.
- Tomamos datos (directamente, de un dispositivo de entrada o de otro fichero) y los escribimos en nuestro fichero utilizando los métodos proporcionados por la clase del flujo.
- Cerramos el flujo.

Para leer datos de un fichero existente:

- Abrimos un flujo desde el fichero del cual queremos leer los datos.
- Leemos los datos del fichero y los almacenamos en variables de nuestro programa con el fin de trabajar con ellos utilizando los métodos proporcionados por la clase del flujo.
- Cerramos el flujo.

Esto pone de manifiesto que un fichero no es más que un medio permanente de almacenamiento de datos, dejando esos datos disponibles para cualquier programa que necesite manipularlos. Lógicamente, los datos serán recuperados del fichero en el mismo orden y con el mismo formato con el que fueron escritos, de lo contrario los resultados serán inesperados. Es decir, si en el ejercicio siguiente los datos son guardados en el orden: una cadena y un **long**, tendrán que ser recuperados en este orden y con este mismo formato. Sería un error recuperar primero el **long** y después la cadena, o recuperar primero la cadena y después un **float**; etc.

7.2.1 Ejemplo 1

Como ejemplo, vamos a realizar una aplicación que lea de la entrada estándar grupos de datos (registros), definidos de la forma que se indica a continuación, y los almacene en un fichero.

```
string nombre;
int teléfono = 0;
```

Para ello, escribiremos una aplicación *CrearAgendaTfnos* con dos funciones: *CrearFichero* y **main**:

```
#include <iostream>
#include <fstream>
#include <string>
using namespace std;

void CrearFichero(string fichero)
{
  // Cuerpo de la función
}

int main()
{
  // Cuerpo de la función
  return 0;
}
```

La función *CrearFichero* recibe como parámetro un objeto **string** que almacena el nombre del fichero que se desea crear y realiza las tareas siguientes:

- Crea un flujo hacia el fichero especificado por el objeto **string**, que permite escribir datos de tipos primitivos y cadenas de caracteres.

- Lee grupos de datos *nombre* y *teléfono* de la entrada estándar y los escribe en el fichero.

- Si durante su ejecución, esta función o alguna de las invocadas por ella lanza una excepción de la clase **failure**, por ejemplo, porque no se puede abrir el fichero, será atrapada por la función que la invocó, en nuestro caso por **main** (ver el apartado *try ... catch* en el capítulo 4).

Según lo expuesto, la función *CrearFichero* puede escribirse así:

```
void CrearFichero(string fichero)
{
  // Crear un flujo que permita escribir datos
  // de tipos primitivos y cadenas de caracteres.
  ofstream ofs;
  // Habilitar la excepción failure
  ofs.exceptions(ios::failbit | ios::badbit);
```

```
// Abrir el fichero y conectarlo con el flujo.
ofs.open(fichero.c_str());

// Declarar los datos a escribir en el fichero.
string nombre;
int telefono = 0;

// Leer datos de la entrada estándar y
// escribirlos en el fichero.
char resp = '\0';
do
{
  cout << "nombre:     ";
  getline(cin, nombre);
  cout << "teléfono:   ";
  cin >> telefono;
  // Almacenar un nombre y un teléfono
  // (un registro) en el fichero.
  ofs << nombre << endl;
  ofs << telefono << endl;
  cout << "¿desea escribir otro registro? (s/n) ";
  cin >> resp;
  // Eliminar los caracteres sobrantes en el
  // flujo de entrada.
  cin.ignore(256, '\n');
}
while (resp == 's');
ofs.close();
}
```

La función **main** realiza las tareas siguientes:

- Obtiene el nombre del fichero de la entrada estándar.

- Invoca a la función *CrearFichero* pasando como argumento el objeto **string** que almacena el nombre del fichero.

Según lo expuesto, la función **main** puede escribirse así:

```
int main()
{
  string nombreFichero;
```

```
try
{
  // Obtener el nombre del fichero
  cout << "Nombre del fichero: ";
  getline(cin, nombreFichero);
  CrearFichero(nombreFichero);
}
catch (ios::failure e)
{
  cout << "Error: " << e.what() << endl;
}

return 0;
}
```

7.2.2 Ejemplo 2

Para leer el fichero creado por la aplicación anterior, vamos a escribir otra aplicación *MostrarAgendaTfnos* compuesta por las funciones: *Mostrar- Fichero* y **main**:

```
#include <iostream>
#include <fstream>
#include <string>
using namespace std;

void MostrarFichero (string fichero)
{
  // Cuerpo de la función
}

int main()
{
  // Cuerpo de la función

  return 0;
}
```

La función *MostrarFichero* recibe como parámetro un objeto **string** que almacena el nombre del fichero que se desea leer y realiza las tareas siguientes:

- Crea un flujo desde el fichero que permite leer datos de tipos primitivos y cadenas de caracteres.

- Lee un grupo de datos *nombre* y *teléfono* desde el fichero y los muestra. Cuando se alcance el final del fichero la función lanzaría la excepción **failure**, por eso deshabilitaremos ésta durante la lectura de los datos e invocaremos, después de iniciar cada lectura de un grupo de datos, a la función **eof** del flujo para obtener tal información. Esta función devuelve **true** cuando se ejecuta una operación de lectura y no hay más datos.

- Si durante la ejecución de la función *MostrarFichero* alguna de las funciones invocadas lanza una excepción de la clase **failure**, esta función no la atrapará, dejando esta labor a alguna función de la pila de llamadas (en nuestro caso, a la función **main**).

Según lo expuesto, la función *MostrarFichero* puede escribirse así:

```
void MostrarFichero(string fichero)
{
  // Crear un flujo que permita leer datos
  // de tipos primitivos y cadenas de caracteres.
  ifstream ifs;
  // Habilitar la excepción failure
  ifs.exceptions(ios::failbit | ios::badbit);
  // Abrir el fichero y conectarlo con el flujo.
  ifs.open(fichero.c_str());
  // Deshabilitar la excepción failure
  ifs.exceptions(ios::goodbit);

  // Declarar los datos a leer desde el fichero
  string nombre;
  int telefono;
  do
  {
    // Leer un nombre y un teléfono (un registro)
    // desde el fichero. Cuando se alcance el
    // final del fichero el método eof del flujo
    // devolverá true.
    getline(ifs, nombre);
    if (ifs.eof()) break; // no hay más datos
    ifs >> telefono;
    ifs.ignore(); // eliminar el endl
```

```
    // Mostrar los datos nombre y teléfono
    cout << nombre << endl;
    cout << telefono << endl;
    cout << endl;
  }
  while (true);

  ifs.close();
}
```

La función **main** recibe como parámetro el nombre del fichero que se desea leer y realiza las tareas siguientes:

- Obtiene el nombre del fichero de la entrada estándar.

- Invoca a la función *MostrarFichero* pasando como argumento el nombre del fichero cuyo contenido se desea visualizar.

- Según lo expuesto, la función **main** puede escribirse así:

```
int main()
{
  string nombreFichero;
  try
  {
    // Obtener el nombre del fichero
    cout << "Nombre del fichero: ";
    getline(cin, nombreFichero);
    MostrarFichero(nombreFichero);
  }
  catch (ios::failure e)
  {
    cout << "Error: " << e.what() << endl;
  }
  return 0;
}
```

Antes de ejecutar este programa asegúrese de haber copiado el fichero que creó anteriormente en la carpeta desde la que se ejecuta dicho programa. En nuestro caso se trata de la carpeta Cap07\MostrarAgendaTfnos.

ÍNDICE ALFABÉTICO